JN271476

Innovations and Organizations
GERALD ZALTMAN・ROBERT DUNCAN・JONNY HOLBEK

イノベーションと組織

ジェラルド・ザルトマン
ロバート・ダンカン ［著］
ジョニー・ホルベック

首藤禎史・伊藤友章・平安山英成 ［訳］

創 成 社

Innovations and Organizations

by Gerald Zaltman, Robert Duncan and Jonny Holbek
Copyright © 1973, by John Wiley & Sons, Inc.

All rights reserved. This translation published under license.
Published simultaneously in Canada.

はしがき

　本書を執筆するにあたっての主たるきっかけは，組織におけるイノベーションの採用に関しての相対的に簡潔ではあるが，バランスの取れた取り扱い方を探求しようとすることにおいて，私たちが自分たちの学生との間に経験したフラストレーションから生まれたのであった。私たちは，特にさまざまなタイプの組織におけるイノベーションに関する研究結果を統合した資料の不足を感じていた。結果的に私たちは，専門課程の学生と大学院レベルの両方で，社会的変化やマネジメント，組織的行動，そしてマーケティングに関連したコースのための組織におけるイノベーションに関する１つの入門書として提供されることのできるドキュメントを開発する努力を共同で負担したのであった。その結果が本書であり，本書は以下の３つの基本的な目的から成っている。

1．イノベーションに関する調査研究の簡潔な概観を学生たちに提供すること。とりわけ，さまざまなタイプのイノベーション，および組織によるイノベーション採用のプロセスに影響を及ぼす変数と状況について。
2．採用の複数メンバー（multimember）単位内に発生するイノベーション採用プロセスに焦点を当てること。イノベーションに関する文献のほとんどが，単一メンバー（single-member）採用者単位を中心にしている。本書では，複数メンバー単位におけるイノベーションと普及プロセスについて議論する。かくして本書は，イノベーションを促進し，それに内在する構造とプロセスによって組織の特徴を強調する。
3．イノベーション採用プロセスが発生する環境と，イノベーションの採用と普及に対して伝道力のある環境の諸種類を調べること。

すべての実質的に関連した文献を十分にカバーしているとは，私たちは申し上げない。私たちの焦点はむしろ，全体的な概観を示し，特定のトピックをある程度深く取り扱う源泉，およびそれらが存在する場所への指針を提供することに向けられてきた。この目的を念頭において，広範な参考文献一覧を巻末に載せてある。

Richard Clewett氏とRobert Cooke氏，そしてEdward Watson氏の有益なコメントに感謝を申し上げたい。彼らは，本書の開発のさまざまな段階で原稿を読んでくださった。私たちはまた，原稿の準備段階からご支援，励ましをいただいたMichael Radnor氏にも御礼を申し上げたい。しかしながら，ここに著わしたものに遺漏や欠失，誤りがあるのはただただ，私たちの責任である。

そしてまた，私たちはノースウエスタン大学経営大学院（the Graduate School of Management, Northwestern University）と健康サービス調査局（the Health Services Research Center）の寛大なる支援にも感謝を申し上げたい。これは，ノースウエスタン大学とアメリカ病院協会（the American Hospital Association）の病院調査・教育財団（the Hospital Research and Educational Trust）のジョイント・プログラムである。HSRCは，本原稿の準備期間に著者の1人に価値ある支援を提供してくれた。

       Gerald ZALTMAN
        Graduate School of Management
        Northwestern University
        Evanston, Illinois

       Robert DUNCAN
        Graduate School of Management
        Northwestern University
        Evanston, Illinois

       Jonny HOLBEK
        University of Trondheim
        Trondheim, Norway

目　次

はしがき

1. イノベーションの本質 ———————————— 1
序　文 …………………………………………………… 3
イノベーション ………………………………………… 7
イノベーションの特徴 ………………………………… 17
イノベーションの種類　18
計画型（Programmed）と非計画型（Nonprogrammed）イノベーション　18／手段的（Instrumental）および本源的（Ultimate）イノベーション　23／根本性－日常的（Radicalness-Routine）および革新的状況－解決（Innovative Situations-Solutions）　24

イノベーションの属性　32
コスト（費用；Cost）　33／投資対収益（Return to Investment）　36／効率性（Efficiency）　36／リスクと不確実性（Risk and Uncertainty）　37／伝達可能性（Communicability）　37／融和性（Compatibility）　38／複雑性（Complexity）　39／科学的地位（Scientific Status）　40／知覚された相対的優位性（Perceived Relative Advantage）　40／起源の点（Point of Origin）　41／終端性（Terminality）　43／以前の状態（Status Quo Ante）　43／コミットメント（関与；Commitment）　44／個人間関係（Inter-

personal Relationships) 45／公的性対私的性（Publicness and Privateness) 45／ゲートキーパー（門番；Gatekeeper) 46／継続的な変更に対する感受性（Susceptibility to Successive Modification) 46／出入り口の能力（Gateway Capacity) 46／出入り口のイノベーション（Gateway Innovations) 47

　必要性と十分性（Necessity and Sufficiency) 47
要　約 …………………………………………………………51

2．イノベーションのプロセス ―――――――――――53

　序　文 …………………………………………………………55
　　プロセスとしてのイノベーション　55
　イノベーションにおける意思決定プロセス ………………56
　　意思決定の諸要素　56
　　革新的な意思決定の不確実な状況　57
　　成果ギャップとイノベーション　58
　イノベーション・プロセスの諸段階 ………………………61
　　始動段階（initiation stage)　64
　　　知識−認知下位段階　64／イノベーションの下位段階に向けての態度形成　66／意思決定下位段階　68
　　実行段階（implementation stage)　68
　　　初期実行下位段階　69／継続−持続的実行下位段階　69
　イノベーション・プロセスの統制 …………………………72
　　フィードバックとイノベーション　72
　　イノベーションにおけるフィードバック・プロセスの例　76
　　イノベーション・プロセスとフィードバックの本質　78

革新的な意思決定の種類 …………………………………79
　　　権威的意思決定　80
　　　集団的意思決定　82
　　イノベーションに対する抵抗 ……………………………85
　　　イノベーション・プロセスの抵抗と諸段階　86
　　　　始動段階：知識－認知下位段階　86／態度形成と決定
　　　　下位段階　88／実行段階：初期実行下位段階　90／継
　　　　続－持続的実行下位段階　93
　　　個人の抵抗プロセス　94
　　　　知覚　95／動機　96／態度　97／正当化（Legitimation）
　　　　98／試行　98／評価　99／採用または拒絶　99／解決
　　　　100
　　要　約 ………………………………………………………103

3．イノベーションに影響を及ぼす組織の特徴 ——— 105

　　序　文 ………………………………………………………107
　　　定義された組織　107
　　組織環境 ……………………………………………………110
　　　定義された組織環境　113
　　　イノベーションに影響を与えるような環境の構成要素　114
　　組織構造とイノベーション ………………………………120
　　　官僚制組織の特徴　120
　　　イノベーションのための官僚制組織の制限　121
　　　　独裁的コンセプト（Monocratic Concept）　122／コンフ
　　　　リクトに対処するためのメカニズムの欠如　123／確実
　　　　性に対する過度の強調（The Overemphasis on Certainty）
　　　　124

組織構造の修正された見解　125
　　　　　組織のサイバネティックな（制御工学的な）コンセプト
　　　　　（The Cybernetic Conception of Organization）　126／柔
　　　　　軟性－安定性のジレンマ（The Flexibility-Stability Dile-
　　　　　mma）　127／組織のコンティンジェンシー理論（Contin-
　　　　　gency Theories of Organization）　128
　　　イノベーション・プロセスに影響を及ぼすような
　　　組織の特徴　133
　　　　　複雑性（Complexity）　133／公式化（Formalization）
　　　　　136／中央集権化（Centralization）　141／個人間関係
　　　　　(Interpersonal Relations)　144／コンフリクト処理能力
　　　　　(Ability to Deal with Conflict)　146
　　要　約 ………………………………………………………151

4．組織におけるイノベーションの理論 ─── 153

　　序　文 ………………………………………………………155
　　Zaltman, Duncan, Holbekの理論の検討 …………155
　　　複雑性（Complexity）　156
　　　公式化（Formalization）　157
　　　中央集権化（Centralization）　158
　　　個人間関係（Interpersonal Relations）　158
　　　コンフリクト処理　159
　　イノベーションの属性と採用下位段階 ……………159
　　組織におけるイノベーションの既存理論の検討………163
　　　March and Simon　163
　　　Burns and Stalker　165
　　　Harvey and Mills　167

Wilson　171

　　　Hage and Aiken　173

　　　　　複雑性　174／中央集権化　174／公式化　174／階層化

　　　　　（Stratification）　175／生産（Production）　175／効率性

　　　　　（Efficiency）　176／職務満足（Job Satisfaction）　176

　要約と結論 ……………………………………………………………178

使用・参考文献　181

訳者あとがき　199

索　　引　205

1．イノベーションの本質

序　文
イノベーション
イノベーションの特徴
　イノベーションの種類
　　計画型（Programmed）と非計画型（Nonprogrammed）イノベーション／手段的（Instrumental）および本源的（Ultimate）イノベーション／根本性－日常的（Radicalness-Routine）および革新的状況－解決（Innovative Situations-Solutions）
　イノベーションの属性
　　コスト（費用；Cost）／投資対収益（Return to Investment）／効率性（Efficiency）／リスクと不確実性（Risk and Uncertainty）／伝達可能性（Communicability）／融和性（Compatibility）／複雑性（Complexity）／科学的地位（Scientific Status）／知覚された相対的優位性（Perceived Relative Advantage）／起源の点（Point of Origin）／終端性（Terminality）／以前の状態（Status Quo Ante）／コミットメント（関与；Commitment）／個人間関係（Interpersonal Relationships）／公的性対私的性（Publicness and Privateness）／ゲートキーパー（門番；Gatekeeper）／継続的な変更に対する感受性（Susceptibility to Successive Modification）／出入り口の能力（Gateway Capacity）／出入り口のイノベーション（Gateway Innovations）
　必要性と十分性（Necessity and Sufficiency）
要　約

序 文

　はじめに，組織に関係したすべての変化プロセスの全体像を明らかにすること，そして本書を通じて用いられている用語および概念間の多くの区別を描き出すことは，意味のあることである。まず第1に，組織が存在するところには2つのレベルから構成される社会的環境がある。この社会的環境もしくは巨大な（メガ）システムの最初のレベルは，一般的な産業，例えば，教育，鉄鋼業，公衆衛生などといった，個別の組織がその一部を形成するものである。産業が本質的に実際的に意味のある，存立可能な社会システムであるということは，十分詳細に記録されてきた（直近のものは1972年のCzepielによるもの）。このシステムの構成要素は，競争企業，顧客，取引関係，労働組合，直接的に関係のある政府規制機関，および供給業者を含んでいる。これらの構成要素は，組織の直接関係する外的環境を提供する。第2のレベルの環境は，全般的な政府の活動とか，必要とされるスキルを提供する教育機関のように，間接的にある特定の産業の状態に影響を及ぼす経済の諸領域，および製造方法や新製品機会に影響を及ぼす科学やテクノロジー全般の活動のレベルと性質を含むものである。それは，一般的に言う社会である。

　この第2のレベルの環境は第1のものを拡張したものであり，それは次には，組織を拡張したものである。どちらのレベルでもそうであるが，とくに最初のレベルの構造と機能の変化は，社会的変化を構成し，成果（performance）の隔たり（ギャップ）を生み出すこともある（成果のギャップの概念については第2章で詳細に議論される）。社会的変化は，「社会システムの構造と機能において，循環（alternation）が発生するプロセスである」（Rogers, 1969）。成果ギャップは，組織がその環境において目標に関連した機会によってすることができることと，実際にその機会を活用することによってすることとの間の差異である。成果ギャップは，消費者の変化ないしは新しい競争のための市場の喪失などによって引き起こされた新しいマーケティング機会によって特徴づけられる。成果

ギャップはまた，新しい技術的な仕様が政府の規制機関によって求められる場合にも起こり得る。これらのケースやその他の場合でも，外的環境の変化に照らして，その組織のその時点での成果とその標準的な成果の間のギャップを作り出す，もしくは広げるメガシステムの構造か，または機能領域において，ある変化が発生する。その環境のある部分において鍵となる熟練者がその組織から永久にいなくなってしまう時のように，成果ギャップは，その組織内の変化によっても増幅されることもある。

　成果ギャップは，それが認識されるまでずっと存続することがある。事実，まったく認識されないこともあるのである。組織がそのギャップに気づくという仮定を所与とすると，そのギャップが存在する理由（必要性）が議論されることになる。このことは，もう１つの仮定を含んでいる。つまり成果ギャップは，もしそのギャップが狭められたり，埋め合わせられたりされなければ，組織にとって重大な有害な結果をもたらすとして知覚されるのである。実際，その知覚や必要性は，外的環境の変化に最も密接に関連した組織内の要素を解きほぐすのである。このようなことが発生すると，組織ないしはそのサブシステムの構造や機能を部分的に変更するための条件が現れる。もちろん，変化のためのニーズ（変化の必要性）が欠如している場合でさえ，ある変化が組織に課せられることもまたあり得るのである。労働組合の要求，吸収合併に関する政府や裁判所の決定などが，その典型例である。しかしながら，本書の目的のためには，私たちはそのような変化に焦点を当てることはしない。

　この必要性は，組織のいくつかの要素を麻痺させないようにすることによって，組織の社会的・心理的状態に変化を加えるのである。この行為の１つの明示的な現れが，成果ギャップを埋めるための手段の探索である。この探索は内的および外的の両方で行われ得る。内的にはそれは，組織がすでに成果ギャップに対する解決策をもっているか，あるいは少なくとも，組織外部の代理者もしくは情報源となる人とは関係しない解決策を開発する手段ないしは資源を保持しているかどうかの決定を含むかもしれない。外的には，その組織は既存の解決策を採用もしくは適用するかもしれないし，必要とするものを獲得するた

めに適当な研究開発の専門業者に業務を委託するかもしれない。

　次の段階では，もし代替案があったとしたならば，代替的解決策が明らかにされる。これらの代替的なアイデア，実践（practice），製品が与えられていると仮定したならば，組織内部の直接的に関係する集団ないし個人（たぶん，外部のアドバイスの援助を伴うだろうが）により，ある意思決定プロセスが企画される。意思決定は，「個人と社会的現象の両方を含む，事実前提と価値前提に基づいた意識的・人間的プロセスであり，それは，事象のある望まれた状態へと向かって動くことに関する意図を伴った1つかそれ以上の代替案の中からの1つの行動的行為の選択で帰結する」と定義される（Shull et al., 1970, p.31）。健康組織（health organizations）における意思決定の研究において，Roos & Berlin（1972）は，「妥協点を模索する意思決定スタイルが特徴的である場合には，代替案の探索は短くなり，決定代替案の数は少なくなる。最大値を求める決定スタイルが支配的である場合は，その探索は長くなり，代替案の数は多くなるだろう」と述べている。ある人が彼らの前提から，妥協点を探索する意思決定スタイルの下では，最も好ましいイノベーションの採用を強調する，最大値を求めるスタイルとは対照的に，最初の受け入れ可能なイノベーションが採用されるという推論を立てた。

　これらのすべての要素は，図1－1に示されている。図1－1の中の四角い囲み上に詳しく書き込まれている数字や記述は，本書を通じた適時・適所で明らかにされている。包括的な形式で示されている図1－1は，ほとんどの組織の変化プロセスを記述している。これは，私的および公的組織と同様に，営利・非営利組織も含んでいる。

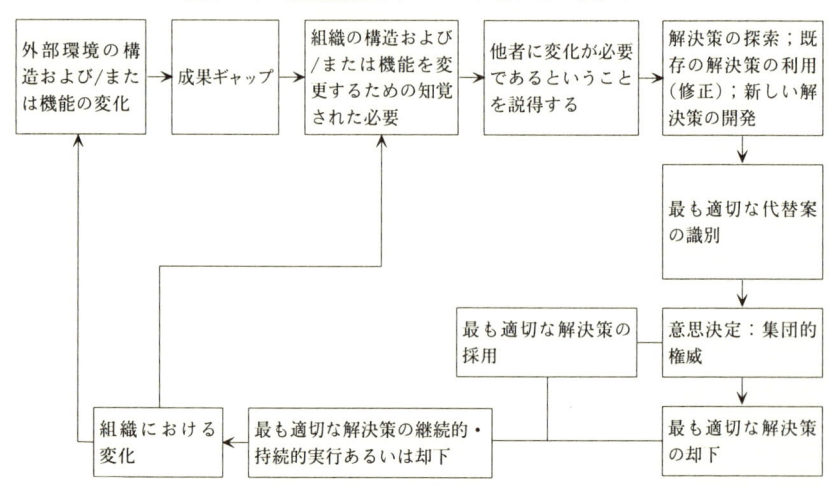

図1-1　組織変化とイノベーションのパラダイム

```
[外部環境の構     [成果ギャップ]   [組織の構造およ    [他者に変化が必要   [解決策の探索；既
 造および/また →              → び/または機能を → であるということ → 存の解決策の利用
 は機能の変化]                    変更するための知覚  を説得する]        （修正）；新しい解
                                  された必要]                           決策の開発]
                                                                             ↓
                                                                      [最も適切な代替案
                                                                       の識別]
                                                                             ↓
                                          [最も適切な解決策の        [意思決定：集団的
                                           採用]                     権威]
                                                                             ↓
 [組織における    [最も適切な解決策の継続的・                       [最も適切な解決策
  変化]       ←  持続的実行あるいは却下]                            の却下]
```

　イノベーションは，社会的変化よりも先に発生し，それを巻き起こすことがある。そうでなければ，イノベーションは社会的変化により生み出されたニーズに応じて発展することもある。一方には新しいアイデアや実践，そして製品の間の，もう一方には社会的な構造および機能の絶え間のない，ダイナミックな相互作用が存在する。イノベーションは社会的変化を生みだす。そしてその後に起きる社会的変化が，部分的に変化した構造あるいは機能に作用を与え返す追加的イノベーションを引き起こすのであり，その構造と機能は，さらにイノベーションを引き起こすか，組織の他の局面に影響を及ぼすのである。新しいアイデアは，社会システム内部，もしくはそれとは関係ないところから生まれることがある。このことを記述したパラダイムがEverett Rogers (1969, p.6) によって展開された。そのパラダイムは（表1-1に示されている）元来，規模の大きなコミュニティ（社会や共同体）のためのものであるが，異なった性質をもつ公式的組織にも同様にうまく適用可能である。

　社会変容のアイデアの構成要素は，本章の関係事項である。新しいアイデアの重要性は必ずしも理解されていない。実践ないしは製品としてのアイデアおよびそれが明示するものは，社会変容の中核に位置するのである。あるアイデ

表1-1　社会変容の諸類型のパラダイム

変化の必要性の認識	新しいアイデアの源泉	
	社会システムに対する内的特徴	社会システムに対する外的特徴
内的特徴：認識は社会システムのメンバーによる	Ⅰ．内在的な変化	Ⅱ．選択的な接触の変化
外的特徴：認識は社会システムの外のチェンジ・エージェントによる可能性がある	Ⅲ．動機づけられた内在的な変化	Ⅳ．直接的な接触の変化

出所：Rogers, 1969.

アは，個人や病院，ビジネス企業といったある社会的単位による意思決定プロセスに刺激を与えている。その社会的単位は，次にはその単位の構造そしてまた機能における変化を作り出し，たぶん，意思決定単位の環境においてさえも変化を生じさせるのである。必ずしもそれら意思決定単位にとって必要性がないかもしれないが，その結果生じる変化が，他の新しいアイデアを具現化するのである。しかしながら，多くの例にもあるように，必要（ニーズ）は存在しており，それが新しいアイデアもしくは単純に革新的な解決策と呼ばれるものを具現化する駆動力なのである。続く議論（次節）において，私たちは新しいアイデア，すなわちイノベーションについて専ら取り扱っている。それではまず，その主題について私たちの注意を向けることにしよう。

イノベーション

イノベーションという用語は通常，3つの異なった文脈で用いられる（Tilton, 1971, pp. 4-6参照）。第1番目の文脈では，それは発明（invention）と同義である。すなわちそれは，2つないしはそれ以上の既存の概念あるいは実在物が，それに関与した個人によって事前に知られることなく，ある配置連関（configuration）を生み出す何らかの新奇な方法において結びつけられる創造的プロセスであると言及される。この種の活動を遂行するある個人もしくは組織は通常，革新的であると言われる。創造性に関する文献のほとんどが，この流儀でイノベーションという言葉を扱っている（例えば，Steiner, 1965 ; National Academy of Science, 1969）。

MyersとMarquis（1969）は，技術的な発展を強調して，次のようにイノベーションを用いている。

「技術的な（technical）イノベーションは，新しいアイデアの概念化から問題の解決，そしてそれから経済的または社会的価値の新しい種となるもの（アイテム）の実際の利用へと進む複雑な活動である。（あるいはまた）イノベーションは，単一の活動ではなく，相互に関連した下位プロセスからなる全体プロセスである。それは，ただの単なる新しいアイデアの着想でなければ，新しい装置の発明でもないし，新市場の開発でもない。そのプロセスは統合化された方法において作用するこれら事物の総体である……」(p.1)。

ある"種（アイテム）"に対する潜在的需要およびその技術的実現可能性の認知から始まり，その広範囲に行きわたった利用で終わる，ある1つのプロセスとしてのイノベーションのこの見解はたぶん，既存の文献の中ではイノベーションという用語の最も広い用い方である。それは，発明という考えと採用という考えを組み合わせたものである。

イノベーションはまた，それによって既存のイノベーションが採用者の経験的事実認識に基づいた状態および行動的範囲の一部になるプロセスのみを記述するのに用いられる。これは，採用と国際化（internalization，＊訳者注：文脈から考察すると，この語は，後に出てくるinternalization〈内面化もしくは吸収〉の誤りではないかと訳者は考える）のプロセスである。例えば，Knight（1967, p. 478）は，次のような定義を提示している。「イノベーションとは，組織および関連性のある環境に対する今までになかった変化の採用である」。Mohr（1969）

は，イノベーションという言葉の定義に際して，「その状況に対して今までになかった手段と目的の応用された状況への成功に満ちた導入」(p.112)とする同様のアプローチに従っている。手段ないしは目的および状況に関するMohrの注目すべき点は，やがて後に続く革新的な状況と解決策の拡張された議論を先取りしているところである。Knight (1967) は，イノベーションのプロセスを「ある組織における変化のプロセスの特別なケースとして捉え，その2つは結果の新奇性においてのみ異なる」(p.479) と考えた。イノベーションに関するこの見解は，第2章の主題である。

イノベーションの最初の使用では，個人もしくは組織は採用することはなくても，革新的であり得る。一方，このケースでは，その個人は発明的ではないが，革新的であり得るのである。しかしながら，2つの前もって結びついていない構成概念（個人もしくは組織とイノベーション）が何らかの新しい方法で結合されるという理由から，イノベーションの採用ないしは吸収 (internalization)がある革新的な活動として見ることができるかもしれないということを議論することは認められるのであろう。

この用語の第3の用い方は，これまで発明された，あるいはその採用または不採用とは関係なく，今までにない新しいものとして認められるアイデア，実践，物質的な人工物に言及するものである。ここでは，なぜ，何かが新奇なものであるのに，発明と採用がプロセスを含むのかという記述が強調される。本章は，この第3の見解，すなわちイノベーションの実際的な意味を持つ属性と次元に関する記述に焦点を当てている。

Barnett (1953) は，客観的に測定可能な質的差異を強調することで，イノベーションを広く捉えている。Barnettによれば，イノベーションは，「既存の形式とは質的に異なるゆえに，新しい思考 (thought)，行動 (behavior)，事物 (thing)」(p. 7) である。彼はさらに，思考と行動，事物の間の区別を強調している。「厳密に言えば，すべてのイノベーションはアイデア，もしくはあるアイデアの布置 (constellation) である。しかしそのイノベーションには，それらの性質により頭の中だけで作られた構成体のまま留まるに違いないもの

もあるが，一方で明白で実体的な表現が与えられているものもある」(p.7)。

同様にHagen（1962, p.87）は，イノベーションほど抽象的なものはないとコメントしている。それは，特定の材料や概念ないし他者との関係を含みつつ，ある特定の領域にいつも存在するのである。彼はイノベーションを，古いものに改良を加えられた新しい関係をもった，新しい心的もしくは審美的なコンセプトを具現化する関係へと変化する現実の構成と定義している。

連邦取引委員会（the Federal Trade Commission）は，消費者向および産業向製品は，それらが全く今までになかったか，機能的に意味のある，実体的な点において何らかの変化がある時だけ"新しい"と呼び得ると言明した助言的見解においてBarnettの定義を重要視した（Federal Trade Commission, 1967）。その他の人たちは，実質的に関連のある社会システム内での10％の受容を上回る保障のまだないアイデアや製品もしくはサービスをイノベーションとして定義した（Bell, 1963）。Robertson（1971）は，イノベーションとしてある種（アイテム）を定義する際に，決定的な要素が消費あるいは行動の確立されたパターン上のその効果になるということを示唆した。彼は効果の3つの起こり得るパターンを提案した。行動パターンに破壊的影響を与えることがほとんどないイノベーションは，継続的イノベーションと呼ばれる。PERTフロー・チャート（訳者注：目標を時間通り完成させるための計画・管理統制の手法で，複雑な作業間の相互関係を一定の規約のもとにネットワーク図に表し，これを分析して目標を達成するのに必要な時間と，その時間内に達成できる確立を求めるもの —— ブリタニカ国際大百科事典）がその例である。このケースでは，その種（アイテム）は現行の実践のちょっとした変更を構成するにすぎない。次は，行動パターンにある程度の影響を与える，例としては鉄鋼産業の企業によって採用された連続鋳造システムのようなイノベーション，すなわち動態的に継続的なイノベーションである。最後に，チームティーチング（共同学習指導）やT－グループ（訳者注：トレーナーの下で自由に自己表現を行うことによって疎外感を克服し，人間関係を円滑にしようとする心理学的訓練グループ），家族計画をしている人による人間の性行動プログラム（human sexuality program）のような新しい行動パターンの確立を含

む非継続的なイノベーションがある。

本書では，採用について実質的に関係のある単位によって新しいと知覚されたすべてのアイデア，実践，物質的人工物をイノベーションと考える。採用単位は独身の個人からビジネス企業，市（Crain, 1966），または州の立法府までさまざまである（Walker, 1969）。この立場はRogers and Shoemaker（1971, p.19）によって採られているスタンスに非常によく似ている。

「イノベーションとは，個人によって新しいと知覚されるアイデア，実践ないしは物質である。人間行動に関係する限り，その最初の使用ないしは発見以来，時間の経過によって計られるように，あるアイデアが'客観的に'新しいかどうかは大した問題ではない……。もしそのアイデアが，その個人にとって新しく，異なって思えれば，それはイノベーションである」。

私たちの定義は，何よりもまず，採用の単位が個人よりも大きい可能性があり，そしてそれはまた，ある組織のすべてのメンバーがイノベーションとしてその種（アイテム）を考えていないかもしれないということを意味するという点で，Rogersとは異なっている。これから得られる1つの含意は，問題における対象物および実践をイノベーションと見なして，変化に抵抗する傾向を示す組織の中の人たちと，それをそんなに新しくはないと知覚しながらも，その製品ないしは実践の採用を提唱する人たちとの間のコンフリクトの可能性があるということである（Evans, 1970；Goodenough, 1963；Dymsza, 1972参照）。このことは，もちろん，保守的なマネジメントの文脈を想定しているのである。

採用の単位が知覚することを強調しているこの定義の価値は，静態的および動態的個体群の両方に対しても同様にうまく適合していることである。例えば，Bannett（1969）は，**革新度**（innovativeness；最初にその種（アイテム）ないしはイノベーションを見てから，どれぐらいすぐにある集団の既存のメンバーがそれを採用するか）と**早成度**（precocity；あるイノベーションがすでに存在していて，すでに広く受け入れられているかもしれないある集団の中に入った後の，ある個人によるある種

(アイテム)の受容の速さ)の区別をしている。他の定義は,早成度が重要な要因である動態的な組織においてはあまりうまく適合していないのである。

イノベーション対組織の取り扱いは,新奇性を強調する個人志向的アプローチに従う傾向にある。例えば,Walker (1969) は,アメリカ合衆国の新しいサービスないしプログラムのためのアイデアの普及に関する彼の研究で,イノベーションを「そのプログラムがどれぐらい古いか,あるいはいかに多くの他の州がそれを採用しているかに関係なく,それを採用している州にとって新しいプログラムもしくは政策である」(p.881) と定義している。同様に,Gross, Giacoquinta, and Bernstein (1971) は,「組織の問題を解決するため,もしくはその遂行能力を改善するために,組織のメンバーの組織的な行動がいかに変更されるべきかに関する,いかなる提案されたアイデアまたはアイデアのセット」(p.16) と組織的イノベーション (organizational innovation) を定義している。Grossらによると,そのアイデアが存在してきた時間の長さとそれを採用してきた他の組織の数は,その採用を考慮する組織に対するその新奇性には直接影響を及ぼさない。Hage and Aiken (1970, pp.13-14) は,本質的に同様のアプローチに従っている。彼らにとっては,イノベーションすなわちプログラムの変更は,「新しいサービスないしは製品の追加であり……これはある組織によって採用されたすべての新しいプログラムが常に必ず社会にとって新しいということを意味するのではない。ある特定の新しいプログラムは,研究対象となったその組織にとってのみ新しいのかもしれない」と定義されている。

すべての著作者がこのアプローチに同意しているわけではない。例えば,Becker and Whisler (1967, p.463) は,イノベーションをあるプロセスであると述べてはいるが,「イノベーションを類似した目標を持ったある組織の組み合わせの1つによる,あるアイデアの最初もしくは初期の使用と定義すること」を提案している。ここでは,あるアイデアが個々の組織よりもむしろ,その**環境に対して**いかに新しいかというところに強調が置かれていることがわかる。Becker and Whislerによれば,組織的イノベーションは,その組織が採用するべき最も重要なものの中にあり,探索とリスクの重大なコストを負う時に発

生するのである。後になって採用した企業，すなわち，他のかなりの数の人が採用し，ある程度時が経過してから採用した企業は，組織的変化を経験するかもしれないが，イノベーションではない。その一方，初期に採用した組織はイノベーションと変化の両方を経験するのである。Becker and Whislerの立場における含意は，種（アイテム）の普及プロセスにおいて，初期に発生した時だけ，与えられた変化がイノベーション・プロセスを伴うという仮説である。

Wilson（1966, p.196）は，組織的文脈において言及し，イノベーションを次のように定義している。「イノベーションは（いや，より正確には私たちは取るに足らない変化には関心がないので，主要なイノベーションは），課業の'かなりの'数における'基礎となる'変化である」（ここで，Wilsonがイノベーションとしてそれを定義するための基礎として，あるアイデアの**インパクト**を強調していることに注目しよう）。重大なことに，Wilsonは以下のように付け加えている。

> "基礎となる（fundamental）"と"かなりの（significant）"というものには正確な定義が与えられているわけではない。というのも，われわれの理論的な体系においては，これらの言葉の意味はその組織自身によってのみ定義され得るからである。個々の組織は，いかにそれらが"根本的（radical）"になりそう（または，である）かということによって，提案された（または，実際の）変化を評価することができるのである。……乏しい誘因で，コストが大きければ大きいほど，予想される利益に関係なく，イノベーションは根本的になるのである（pp.196-197）。

ここで再び，採用の潜在的単位の知覚の強調に注目してみよう。とは言え，「その組織および**実際に関係のある環境**にとって新しい」というKnightの言が思い出される。これは，アイデアはまた，ある組織の**準拠集団**（reference group）にとっても新しくなければならないという考え方を提示しているのである。

いかに組織が（公式・非公式に関わらず）物事を知覚するかという問題と，そのような知覚を測定することに関する問題は，調査研究のとても疎かにされて

きた領域である。しかしながら，これらの問題に対して敢然と立ち向かうことが必要である。個人の場合と同様に，組織がいかにイノベーションとして分類されるかもしれない環境的刺激を見ているかということに，多くの要因が影響を及ぼしている可能性があるのである。私たちはここで，かなり不確かではあるが，1つの例として以下のことを提案する。それは，「組織の年齢が潜在的イノベーションを伴った経験の歴史に影響を及ぼし，それゆえに，その実践ないしは製品がいかによく知られているかということに影響を及ぼす」ということである。このことは別の他の要因にかなり関係している。すなわち，鍵となる従業員がその産業に従事した時間の長さ，つまり，彼らがその産業に長く居れば居るほど，彼らは問題におけるその種（アイテム）とある程度以前から存在していた種（アイテム）との間の実際の，あるいは客観的な相違点をより上手に判定することができるのである。このことは，直接あるいは間接的にイノベーションの個人的な知覚に影響を与えるこれらすべての要因が組織の知覚に影響を及ぼしているということを示唆しているのである。あるアイデアを採用している他の組織の数が，本書の目的のために，イノベーションとしてそのアイデアを識別するための直接の基礎ではないにも拘わらず，何が新しいのかに関するある企業の知覚が，いかに他の多くの企業もしくは組織がそれを採用したかということの関数になる程度にまで間接的に影響を及ぼすかもしれないのである。ある組織の，そのアイデアを採用した別の企業との同一視は，その組織に対するシンボリックな採用を構成するかもしれなく，それゆえに，実際の採用が発生した時には，そのアイデアは事実上，とても類似しているか，少なくとも新しくないかである。このことはまた，模倣的行動が組織間で発生するところでは，新奇性は，初期の採用組織が最初に採用した時期に，模倣組織によって知覚されるということを暗示しているのである。もちろん，これらすべてのアイデアは検証を必要とする。さらに多くの要因がリスト化されるであろう。私たちの目的にとって重要なポイントは，個人と同様，組織が知覚力を有しているということ，そして，現在はほとんど理解されていないが，それらの知覚のプロセスの本質は，組織によるイノベーションの採用ないしは拒否の研

究にとってとりわけ重要であるということである (Tilton, 1971)。

　ここで，イノベーションを定義するためのある1つの評価基準としての採用の単位の知覚の利用に関係する1つの断り書きが追加される必要がある。それは，知覚は個人の心理状態や，採用単位が存在するであろう異なった文脈的状況によって変化するということである。それはまた，採用プロセスの段階により，時間で変化する。例えば，管理者ないしは購買委員会のみがある種（アイテム）について限定的な知識を持っていた場合，それはイノベーションとは見なされないかもしれないのである。情報がさらに蓄積され，その対象に対する態度が形成または変化するにつれて，管理者は，その対象がイノベーションとして役を与えられる新しい知覚を開発するかもしれないのである。その逆のこともまた起こり得るのである。当初新しいと考えられたある種（アイテム）が，意思決定プロセスのコースを超えて，著しくユニークであるその特徴を見失うこともあるのである。このことは少なくとも2つの理由で発生し得る。より綿密な観察により，購買委員会は，その種（アイテム）は結局それほど新しくないと結論付けるかもしれない。さらに，その決定プロセスが引き延ばされ，そのイノベーションが受け入れられ，社会的環境の一部になるにつれて，管理者ないしは購買委員会は，その種（アイテム）に慣れ切ってしまい，それを新しいと知覚できないようになってしまうのである。

　これまでのこの議論を要約すると，あるイノベーションの特徴を見分けることは，外的な客体の存在ではなく，その新奇性を決定するある社会単位の知覚であるということである。このように，ある実践は1つのある組織にとってはイノベーションであり得るが，別の組織にとってはそうではないのである。1つのイノベーションがコミュニケーション・チャネルを通じて社会システム（例えば，ある産業に属しているいくつかの企業）のメンバーに広がっていくプロセスは，時がたてば普及と呼ばれるのである。あるイノベーションが，（そのシステムにおける規範的なパターンの統合された一部になりながら）インパクトをはっきり示すように，ある社会システムにおいて直接的に関連する単位の相当数によって（象徴的に，もしくは行動的に）普及し，採用された場合，審議中のそのシス

テムにおいて社会変容が発生したと言われるのである。

　Knight（1967）とKnight and Wind（1968）は，イノベーションは組織の4つの側面において現れる，もしくは直接的に関係していると述べている。第1に，それらは組織によって遂行される製品ないしはサービスに関係している。家族計画を奨めるために資金的なインセンティブを提供するある病院（Rogers, 1973），精管切除術を行う健康代理機関（Zaltman, 1972）などの決定，景品引き換えスタンプを提供する（Allvine, 1968），あるいは新規市場に参入する企業の決定などは，その例である。第2に，イノベーションは製造プロセス志向であるかもしれない。例として，スターリング・サイクル（訳者注：Stirling cycle；2つの等温・等積過程を組み合わせた可逆サイクル）の使用（Koëhler, 1969）や，鉄鋼産業における連続鋳造法のプロセスの採用（Czepiel, 1972），鉄道による信号変換（code conversion）装置の使用（Myers and Marquis, 1969），そして自動化された組み立てラインなどが挙げられる。別の例には，会計プロセスにおける変化が含まれるかもしれない。これはらはすべて組織の課業システムにおける，ないしはその物理的製造業務における変化である。第3番目は，意思決定の分散化，インセンティブ・システムの制度化，マネジリアル・グリッド研究集会（Blake and Mouton, 1969），管理者訓練単位（management training units；Hutchins, 1972），そして教育におけるチーム変更（change teams）の導入（Coughlan and Zaltman, 1972）といった組織－構造イノベーションである。そして第4は，創造的意思決定上のプログラム（Kepner and Tregoe, 1960），T－グループ（Golembiewski and Blumberg, 1970），および社会的実践を改善するための社会調査の利用（Lippitt, 1965）などの人的イノベーションである。組織－構造および人的イノベーションについては本章においてさらに再度簡潔に解説されるだろう。上述された4つの側面または文脈が高度に相互関連的であり，1つの側面に沿ってあるイノベーションを成功裡に実行することは，変化が他の側面に沿っていかにうまく為されるかに掛かっているということは，明らかである。例えば，衣料品産業に属しているあるビジネス企業が家庭用家具へとその業務を拡張することを決定した（製品イノベーション）。これは，家庭用家具産業に

すでに居たより小規模な企業を買収すること（組織－構造変化）によって遂行された。その2つの企業の管理スタッフの合併から生じる，予測される人的なコンフリクト軽減するために，買収時にT－グループ・セッション（人的－関係イノベーション）が利用された。相互関係的問題の他の例には，特別に作られた新しいサービスの人工妊娠中絶カウンセリングを提供することを決定した家族計画専門病院がある。この新しいサービスは，そのスタッフの幾人かにとっては，彼らの権力（パワー）の相対的地位に対する脅威として知覚されたのだった（構造的関係における変化）。最終的に，その新しいサービスに最も反対したスタッフのうちの2人が，そのサービス導入に好意的な人と入れ替えられたのであった。この行為は，Knightによって述べられている人的イノベーションと同じ部類に入れることができる。人工中絶カウンセラーの増員もまた，人的イノベーションであると言うことができるのである。

　Knightの分類によってカバーされていない組織的イノベーションのとても重要な領域は，政策的イノベーション（policy innovation）に関係している。それは，前掲の変化の他のどのタイプにも十分ではあるが，必要条件ではないのである。政策的イノベーションは，組織のある目的を達成するためのその戦略における主要な変更を含んでいるのである。健康分野においては，採用者と普及者のインセンティブを利用するための家族計画の集団の決定は，主要な政策的イノベーションとして広く考えられている（Rogers, 1972b; Pohlman 1971参照）。この文脈におけるインセンティブは，産児制限を促進するためにある組織によって与えられる現金ないしは品物の提供である。採用者のインセンティブは，個人もしくはカップルに直接支払われるものであるが，一方で，普及者のインセンティブは，産児制限を実践する個人もしくはカップルに直接ないしは間接的に影響を与える特別なチェンジ・エージェントに与えられるのである。

イノベーションの特徴

　次にここで，イノベーションのさまざまなタイプと，組織によってそれらの

受容に影響を及ぼすと考えられているイノベーションの特有的な属性に注意を向けてみよう。当然ではあるが，イノベーションのカテゴリーを定義するのには，数多くの分類図式が存在している。新奇性，創造性，およびリスクの程度のような分類を用いることは明確に可能であり，それらが意味している変化と同様，採用単位ないし社会に対するそれらのコストまたは有用性によってもまた，イノベーションを分類することが可能である。例えば，製造企業における技術的なイノベーションに特に関係して，Miller (1971) は，(a)そのようなイノベーションはプロセスもしくは製品志向であり得；(b)それらの源泉は組織に対して内的あるいは外的であり得；(c)それらの主要な影響はその外的環境，ないしはその企業の構造と機能に及び；(d)それらは結果的に財務的資源の保管に行きつくブレークスルーであり得；あるいは(e)直接的には財務資源に関係のない改良であるかもしれないのである，と指摘している。以下の議論において，これらの要因のいくつかを吟味することにしよう。

イノベーションの種類

計画型（Programmed）と非計画型（Nonprogrammed）イノベーション

まず，イノベーションは，予測（anticipation）の程度によって分類することができる。イノベーションには計画されたもの，すなわち，それらの出現が前もって予定されているものがある。「アイデアの創造の中には創造的な問題解決があるかもしれないが，一度それが発生したならば，組織はそのアイデアを評価し，遂行するための適切に定義された機械的作業と手順を持つのである」(Knight, 1967, p.484)。かつてジャンボ・ジェットのための決定が下されたときのより大きなジェット・エンジンの開発のように，製品ラインの拡張がその種の例である。外部のコンサルタントによって前もって充てがわれた機能を遂行するために，永続的にスタッフ・メンバーを増員することが，もう1つの例である。

計画されたイノベーションは，組織の成功もしくは不成功によって相対的に影響を受けにくいと主張する者もいる（例えば，Knight, 1967）。他方，Cooke

(1972) は,とりわけそれらのイノベーションから得られる当初の利益が将来に繋がる場合は,組織的な成功は大規模な計画された製品イノベーションを実行する企業の能力に寄与すると述べた。組織の成功が,マネジリアルな熟練や技術的なノウ-ハウ,財務的な柔軟性などといった,多くの大規模で,計画された製品変更に必要なものすべてを包含することはよくある。確かな証拠はないが,Knightの立場はたぶん,小規模な変化の例において最も当を得ているが,その一方で,Cookeの立場は明らかに大規模な変化に関係している。まれに,計画されたイノベーションが,少なくとも短期的に,副次的なもしくはあまり大きくない変化を巻き込んで,組織構造を取り扱っていることがある。

　非計画的または非日常的イノベーションは,組織の成功によって影響を受ける。これらのイノベーションには,余剰(スラック;slack)イノベーションかもしくは追い込まれた(ディストレス;distress)イノベーションの2つの一般的な種類がある。

　　スラック(余剰;slack)は,組織を維持するのに必要な支払いと,融合(coalition)によって環境から得られる資源との間の差である。概して,成功はスラック(余剰)を生み出す傾向にある。……[それゆえに]スラック(余剰)は,欠乏に直面しても是認はされないが,強力な下位単位のサポートのあるイノベーションに資金源を提供するのである(Cyert and March, 1963, pp.278-279)。

　余剰(slack)イノベーションは,その企業のテクノロジー全体に寄与することもあるが,差し迫った企業の問題に対する解決策として採用されることはない。余剰イノベーションの有望な短期的効果は,下位単位の目標を高めること,すなわち,個人と部門の地位と名声を高めることである。Knightによれば,余剰イノベーションの探索は,広範におよび,主としてその組織の外にあり,余剰イノベーションの探索と選択においては,「組織の内的構造と業務を妨げないように」(Knight, 1967, p.485)配慮されるべきである。

非計画型イノベーションのもう1つの形式である,追い込まれた(distress)イノベーションは,組織が自己自身を不成功であると見ている時に発生する。それは,「製品ないしはプロセスにおける変化よりもむしろ,内的な変化が発生するだろう。企業は外部を見るような余分な資源は持ち合わせていない。新しい製品もしくはプロセスの導入に掛るリスクや高いコストを負担する余裕はないが,その代わりにその企業は,コスト削減計画を強調するだろう」(Knight, 1967, p.485)とされている。このように,ゆるく不活発な状況下よりも緊張状況にある場合のほうが,さまざまな種類のイノベーションが探求される傾向にある。Knightは次のような仮説を立てている。「余剰(slack)の程度が大きければ大きいほど,組織行動は予測できなくなり,論理的でなくなる」。適度の緊張があれば,適度の進歩が得られる。しかしながら,もし適度な進歩がないならば,緊張はより大きくなり,探索はより場当たり的になり,組織の安寧(well-being)の中でのそれに応じた根本的な改善を経験することを望んで,より根本的な変革を求める前歩が踏み出されるのである。Cooke (1972) は,Knightとは幾分異なった立場で,Knightは余剰(slack)イノベーションを肯定的な行為成果と同一と見なし,追い込まれた(distress)イノベーションを否定的な行為成果と同一と見なして,組織的な行為成果の方向づけを強調しすぎている,と述べている。Cookeは,方向づけよりも成功の重要性(magnitude)を強調することを好んでいる。彼の重要性の理論によると,規範からの逸脱は,逸脱の方向づけよりも組織的イノベーションの根本性のさらなる強力な予測変数であるとされている。方向づけ(Direction)は,イノベーションの文脈を予測するかもしれない。

　非計画型イノベーションはまた,他の組織による採用代理者に対して適用された有力な戦略から結果として生じることがある。例えば,ある政府機関は,その機関の全般的計画のための政府資金を受けることを目的とした先行要件として,ある特定のイノベーションの採用を要求するかもしれない。あるいはまた,健康組織(health organizations)による患者諮問審議会(patient advisory councils)の採用は,連邦準備制度の法定準備金(federal funds)を留め置くた

めの明らかな脅威の形で政府の圧力に従って行われたようであった (Bradshaw and Mapp, 1972)。

これまで議論されてきた多くのアイデアは，図1－2に要約されている。しかしながら，図1－2には2つの新しい次元が存在している。1つは，イノベーションが分類され得るカテゴリー，ないしはそれらが発生するカテゴリーに関してである。製品もしくはサービスのイノベーションおよび製品－プロセス・イノベーションは詳述を必要としない。組織－構造イノベーションは前述の通り，その組織の公式的社会システム，その社会システム（両方であることはめったにない）に部分的に変化を与える。権威構造，公式および非公式のコミュニケーション・システム，報酬システム，そして課業システムはすべて変化するかもしれない。人的な（人材の）イノベーションは，年齢を重ねた人たちの入れ替えや，新しい人の追加を必然的に伴う。そうでなければ，それは組織成員の行動およびまたは信念を作り変えてしまうこともある。根本性（radicalness）は，イノベーションが**その時の状態を含む代替案**とは異なっている程度であり，短いけれど詳細に議論されるもう1つの直接関連のある次元である。

Miller (1971) は，北米鉄鋼産業における計画型および非計画型イノベーションはさまざまな刺激によって起こったと述べている。計画型イノベーションは（教育機材の更新のように），自ら課した成果に関係した刺激達成基準として目標を持つ傾向にあるが，非計画型イノベーション（教育シミュレーション・ゲームのような）は，不満足やさまざまな機会との偶然の遭遇によって発生するのである。プロセスの見地からみると，これは，計画型イノベーションと非計画型イノベーションの区別は採用プロセスの最初の主要な段階，始動段階（initiation stage）のある特徴として最も実際的な意味を持つことを，それとなく示しているのである。一般的に言って，余剰（slack）と追い込まれた（distress）イノベーションについては相対的にほとんど知られていない。より完全な理解のためには，さらなる研究が必要であろう。

図1−2　組織研究の一般モデル

		イノベーションのタイプ	根本性
成功する組織			
計画性イノベーション	形式 ── 副次的な製品ないしはサービスの変更、および組織内の人たちの正規の異動	製品とサービス 製造工程 組織構造 人材	低い 低い 低い 低い
余剰(slack)イノベーション	広範囲に及ぶ調査 ── 組織の外部の ── 内的組織構造の配置・形状を変えないように努める	製品とサービス 製造工程 組織構造 人材	中位か高い 中位か高い 低い 低い
成功しない組織			
追い込まれた(distress)イノベーション	穏やかな　内的変化 ── コストの削減、組織構造の変更または人材の入れ替え	製品とサービス 製造工程 組織構造 人材	低い 低いか中位 中位 中位
組織的な失敗	大々的な　根本的な組織変化のための広い任意の調査	製品とサービス 製造工程 組織構造 人材	低い、中位、高い 中位 高い 高い

出所：Knight, 1967.

手段的 (Instrumental) および本源的 (Ultimate) イノベーション

最高裁判決に関係した社会的変容の研究においてGrossman (1970, p.543) は、手段的イノベーションと本源的イノベーションとの間の重要な区別を作り上げた。後者はそれ自体が目的であるが、前者は、後のある時点で、本源的なイノベーションの導入を可能にする、あるいは容易にするために意図された特定の変化を目指しているのである。大学においては、以前に教育されたことではなく、いくつかの提供されるべきコースを設置することが時として、結果として生まれる新しい学科の設立、つまり本源的イノベーションを促進するためにデザインされた手段的イノベーションなのである。

ここには数多くの考察されるべき要素が存在している。もし私たちが計画された変化に関与しているならば、それは本源的なイノベーションを直ちに企てるか、あるいは手段的イノベーションの採択を保証する道筋を選択するかの戦略的決定になるのである。私たちはここで、組織における計画された介入に関係した物事に対する有効な諸戦略を識別することは言うまでもなく、まして戦略および戦術の選択に影響を及ぼすさまざまな要因を徹底して調べることなどはできない (Zaltman and Duncan)。もしチェンジ・エージェントが、その組織の成員であるかどうかは別にして、その組織の他の成員にとって希少である本質的に必要とされる資源を支配できる状態にあったとしたならば、権力 (パワー) − 強制型 (power-coercive) 戦略が発動され、その組織に対して本源的なイノベーションが課されることになるだろう。権力 (パワー) − 強制型戦略は、変化を達成するためにモラル (道徳的)、経済的、政治的資源を通じた強制力の使用およびまたは脅威を含んでいる (Zaltman et al., 1972)。他方、もしチェンジ・エージェントが何の重要な権威も権力 (パワー) も持っていないのであれば、小規模な変化を保証でき、その組織が本源的イノベーションを採用するのを容易にする資源を提供する促進的戦略 (facilitative strategy) を選択するかもしれない (Warwick and Kelman, 1973)。小規模な変化は、比較的脅威が少なく、潜在的に破壊的なイノベーションである可能性は低いが、集合した場合にはかなり大変なことになる。このように、本源的なイノベーションは、蓄積

された手段的変化に関係して知覚された場合，それほど根本的な変化としては現れないのである。また，ある本源的なイノベーションが概して最初に受け入れ可能であった場合でも，本源的イノベーションを効果的に活用するためには，促進的ないしは手段的イノベーションは，なおも必要であるかもしれない。

どんな構造ないしは機能が，最終的なイノベーションに繋がる道筋を容易にするために変更されるべきかに関する知識が存在するということは，手段的イノベーションが組織における意図的な介入の1つの要素であるという見解において明らかである。このことは必ずしも本当ではない。組織およびまたはその環境におけるいかなる変化が，その組織内の他の変化を助長するかということを知っていることは，この全般－変化（general-change）戦略にとって非常に重要である。この情報はとても手に入れることが難しく，またおそらく，高い精度の確率をもって容易に識別されることもまずない。構造における原因－結果メカニズムの理解，および組織とその環境との相互作用が機能することが必要である。考慮されるべきもう1つの要因は，手段的イノベーションの意図されない結果である。それは逆機能的結果を招くかもしれず，そしてそれによって，手段的イノベーションの採用よりも前に存在していた採用の見込みの低い本源的なイノベーションの採用可能性をつぶしてしまうことがあるのである。

本源的イノベーションの前置きとしての手段的イノベーションの意図的な（deliberate）戦略を追求することはかなり困難ではあるが，それは重要な考え方であり，実用的な手順である。それは，変化に対する障害ないしは抵抗に注意を集中していて，あまり研究されていない（understudied）領域である。さらに重要なことには，成功する手段的イノベーションは，イノベーションの全般的な風土を作り出すのである。しかしながら，変化に対する一般的な開放性は，必ずしも絶対的に望ましいことではないということを，私たちはとりあえず付け足しておく。

根本性－日常的（Radicalness-Routine）
および革新的状況－解決（Innovative Situations-Solutions）

幾人かの著者（例えば，Knight, 1967；Harvey and Mills, 1970）は，イノベー

ションをそれらの"根本性 (radicalness)"によって分類している。この観点は，冒険性 (risk)，新奇性 (novelty) と創造性 (creativity)という今や馴染みのある用語に密接に関係している。冒険的であればあるほど，目新しければ，目新しいほど，そのイノベーションは根本的であるのである。イノベーションの根本性は，既存の代替案によって定義することができる。あるイノベーションが既存の代替選択肢と異なれば異なるほど，その根本性の程度は高くなるのである。この定義は，複数の成員からなる採用単位が直面している状況と言及することができる。ここではそれを状況の (situation) 根本性と呼ぶことにする。それは，ルーティーン-イノベーションの連続体 (continuum)に沿って変化するのである。あるイノベーション（根本的な）状況がまったく新しいものであるのに対して，日常的な状況とは，その組織が前もって経験したものである。Harvey and Mills (1970) による理論的論文に関して，日常的状況が日常的解決で満たされ，革新的な状況が革新的な解決を生み出す傾向があるが，両方のタイプの状況において日常的解決を押しつけるある組織の初期の性向（たぶん，いくらかの適用性をもって；March and Simon, 1958参照）は，ある識別可能な変数に関連している。これらの変数の存在は採用の単位の率を低減させるのである。さらには，イノベーションに対するプロセスの接近方法を研究する際に，ある革新的な解決策のためのプロセスの諸段階の連続順は，日常的な解決の場合とは同じではないということが明らかになるだろう。

　解決に関係してもう少し根本性を詳説することは有用である。上記で示されたように，もし革新的な状況が日常的な解決に適合するということが起きたならば，状況の根本性の程度だけでなく，解決の根本性の程度を弁別することは重要である。この考えに関する定義は著者によってまちまちである。それは時として，**範囲** (scope) からは区別され，その行動がイノベーションによって影響を受ける組織成員の相対的な数によって操作可能になることもあるのである。これは，Wilson (1966) のイノベーションの定義の1側面であるように思われる。すなわち，基礎的な (fundamental) 変化は根本性として定義されるかもしれないがその一方で，課業のかなりの数がイノベーションの範囲に関係

しているのである。しかしながら本書では，（解決）根本性という概念は，範囲を含んでおり，それは，考え抜かれたイノベーションは，その単位のかなりの数の成員に影響を及ぼすということを意味しているのである。このことを念頭において，解決の根本性は，実行された（採用された）イノベーションが組織のさまざまな下位システムにおける，あるいはその成員の行動パターンにおける変化を包含している程度として定義されるのである。解決－根本的 (solution-radical) イノベーションはいつも，ある程度，現状については破壊的であり，情報，価値，報酬，そして権力（パワー）などといったものの下位システムにおける変化を含んでいる（例えば，Littaner et al., 1970, "病院での乳幼児への授乳のシステムにおけるイノベーションのケース・スタディに向けて"参照）。状況－根本性の場合のように，解決－根本性は，日常的イノベーションの連続体に沿って変化する傾向にある。日常的解決は，組織が過去の問題を解決するのに用いたものの1つであるが，その一方，革新的（根本的）解決はそれより前には用いられたことのない解決策，つまり，それを使用するのに，その組織には何の前例も存在しない解決策である（Harvey and Mills, 1970, pp.189-190参照）。多くの経験的ケース研究において，状況と解決は日常的な要素と革新的な要素の両方を含んでいるということ，そして，量的な評価が根本性の程度を測定するのに用いられる必要があるということは注目されるべきである。しかしながら，分析目的のためには，上に出てきた用語におけるそれぞれのイノベーションを概念化することは有益である。Harvey and Millsから作成した表1－2を検討しよう。

表1－3は，日常的およびイノベーション状況に直面した組織の有益な反応（初期の解決）に影響を及ぼす要因を記述した文脈的，内的諸要因の要約である。第2章において，日常およびイノベーション状況に直面した際の組織の行動が詳細に議論される。

知覚された革新的解決が暗に意味する変化のいくつかは，その組織に対して逆機能になるかもしれない。つまり，それらは組織の目的の達成の障害になるかもしれないのである。変化はそれ自身を日常－革新の連続体に沿ってどこか

表1-2 組織が遭遇する基本的代替的状況と解決

問題	解決	
状況	日常的	革新的
日常的業務	A	B
革新性	C	D

出所:Harvey and Mills, 1970, p.190.

表1-3 日常的および革新的問題の両方における日常的および
革新的解決の使用に影響を及ぼす内的・文脈的変数

特定の問題に特定の解決策を賦課する性質に影響を及ぼす組織的変数	以下の場合に,問題の両方のタイプに日常的解決策を賦課する傾向	以下の場合に,問題の両方のタイプに革新的な解決策を賦課する傾向
文脈的		
競争相手と比較した組織の規模	相対的にいって大きい	相対的にいって小さい
競争相手と比較した組織の年齢	相対的にいって年数を経た	相対的にいって若い
市場状況における競争の程度	相対的にいって競争的でない市場	相対的にいって競争的
技術の変化率	相対的にいってゆっくり	相対的にいって速い
内 的		
組織の技術の普及度（製品ラインの広さ）	相対的にいって特定的	相対的にいって拡散している
内部コミュニケーション・システムの公式化の程度	相対的にいって公式化されている	相対的にいって公式化されていない

出所:Harvey and Mills, 1970, pp.190-192.

不確実な状況として現れる。それは，変化が実際に逆機能であるとして知覚される程度に依存している。言い換えれば，与えられた革新的解決は，新しいそして根本的な（革新的）解決を求めて新しい状況を生じさせる逆機能を持つかもしれないのである。例えば，公的な基金で十分にサポートされている特別な青少年プログラムは，主要なアメリカ東部の都市の巨大貧困地区で実施された。そのプログラムは元来，多くの文脈においてその他の地方組織とは別に機能することを意図していた。その目的は，それらの他のグループの活動を補うことであったが，実際の結果は，それらと競争することになってしまった。結

果として,その地方組織はひどく弱体化させられ,ある一団は業務を止めてしまったのであった。その青少年プログラム組織は,それら地方グループの機能に完全には取って代わることはできず,その貧困地域の全体的状況は猛烈に悪化したのであった。特別な青少年プログラムのための主要な支援を提供している公的機関は,結果的にはそのプログラムを根本的に見直すことになったのだった。新しい行動コースは,地方組織に対するすべてのその活動を外注することであった。このような特別な文脈においては,この全体戦略はまったく新しいものになったのだった。

逆機能的変化が頻繁に起きれば起きるほど,意図された変化はより根本的な解決になるという仮説が立てられるだろう。さらに,逆機能的変化はしばしば新しいイノベーションに対する内的な刺激として働くために,ある特定のイノベーションの解決の根本性の程度が高ければ高いほど,新しい解決イノベーションの連続が,新しく創造された根本的または革新的な状況に応じて出現する可能性は大きくなるという仮説も立てられることになる。この仮説化されたイノベーションの連続は意図されたものではなく,それゆえに,これまでに議論されてきたイノベーションの意図された手段的-本源的連続とは分析的に区別される必要があると言うことができるだろう。

大規模企業の製品開発に関するNormann(1971)の分析は,根本的-日常的解決の連続体に沿ってイノベーションを弁別することには実利があるという主張を支持している。しかしながら,Normannは日常的イノベーションに相当するものを"バリエーション(変種;variations)",根本的イノベーションに相当するものを"リオリエンテーション(再方向づけ;reorientation)"と言及する,いくぶん異なった用語のセットを好んで用いている。「もしその製品の次元が,改良や修正であったとしても,組織に最初からあった製品と基本的に類似していたならば,ある新製品はバリエーションである。他方,リオリエンテーションは,基礎からの変化を意味し,ある製品次元が消し去られ,完全に新しい何かが付加されているものである」(Normann, 1971, p.205)。つまり,明らかに,イノベーションの2つのタイプのうち"再方向づけ(リオリエンテー

ション)"(例えば,チーム・ティーチング,チーム変更(change teams)の利用,グリッドによる管理など)は,最も根本的な解決である。というのも,それは組織のさまざまな下位システムあるいは構造の局面における主要な変化を意味しているからである(表1-4参照)。リオリエンテーションはまた,最も革新的な解決である傾向にある。なぜなら,その単位にはそれらに対する先例がない,つまり,それらは以前に遂行された(採用された)解決策とはかなり異なっているからである。言い換えれば,もし以前には用いられたことのないある解決策(革新的解決)が実行されたならば,それを採用している組織の下位システムにおいて変化が起きるようなことが見られるのである(解決の根本性の高い程度)。

イノベーションの割合は,その組織のさまざまな下位システムが改変されなければならない程度に依存しているという仮説に立って,Normannの2つの部分から成る分類システムは,予測の手助けとなり得る分類図式開発のための有益な出発点を提供している。さまざまなイノベーションの特徴を所与とすると,リオリエンテーションはバリエーションよりも,採用に関してはより低い率になるという仮説が立てられるかもしれない。表1-4に示されているように,"バリエーション"(例えば,患者の部屋にじゅうたんを敷くこと,Hepner, 1970)は,組織のさまざまな下位システムにおけるちょっとした変化を意味するので

表1-4 組織の下位システムに対するバリエーション(変種;Variations)とリオリエンテーション(再方向づけ;Reorientations)の関係

イノベーションのタイプ	システムのタイプ		
	課業システム	政治的システム	認知システム
バリエーション (Variations)	副次的な変更のみ	既存の施策とパワー構造内で適応している	既存の注意,ルール,用いられている発見的手法;直接認知;支配領域の無変更
リオリエンテーション (Reorientations)	基本的な変化;新しい種類の専門化の知識および必要とされる課業下位システム	新しい目標,価値観,および必要なパワー構造をサポートすること	支配領域の変化;間接的環境からの媒介された知覚;不十分な既存の認知構造(注意ルール,決定ルール,解釈ルールなど)

出所:Normann, 1971, p.207.

あるが，一方で，リオリエンテーションは，主要な変化を意味するのである。例えば，病院における投薬を管理するための新しい手順は，技術者と看護スタッフの間の関係を作り変えたり，新しい関係を作り出したりするのである（Coe and Barnhill, 1967）。Robertson (1971) によると，リオリエンテーションだけが行動の確立されたパターンに重要な影響を及ぼすとしている。

　表1－4でNormannは，バリエーション（本書でのこれまでの術語用法では，日常的イノベーション; routine innovations）とリオリエンテーション（例として，根本的イノベーション; radical innovations）は，組織内の3つのタイプの下位システムに影響を及ぼし得るということを示唆している。第1は，専門化した知識ないしは能力の諸タイプを代表する課業システムである。第2には，目標，価値観，パワー（権力）構造が政治システムを象徴している。政治システムはパワー（権力）構造に適合しないリオリエンテーションを遮って見えなくするフィルターとして働くのである。政治システムはまた，根本的なイノベーションの採用に繋がるコンセンサスを生み出すことのできる正当性をも与える。第3の下位システムは認知システムである。それは，「組織内の人々が外部環境についての情報を獲得し，そこでの出来事を知覚するプロセス」(Normann, 1971, p.206) と言及される。例えば，リオリエンテーションは，新市場へのイノベーションの提供を含むかもしれない。このように，組織が監視しなければならない外的な支配領域は変化（増大）し続けているのである。Normannはこの次元を強調してはいないが，認知システムはまた，内的な（組織に対して）情報の処理を含んでいるのである。

　最後に，リオリエンテーション，あるいは再び，根本的なイノベーションには，3つの典型的なパターンがあるように思われる。Normannの分類によれば，それらは，システマティック（体系的だった）・リオリエンテーション，特異的な (idiosyncratic) リオリエンテーション，そして限界的な (marginal) リオリエンテーションである。最初のものは，計画型および手段的イノベーションとほぼ同一である。それらは，組織の発展プロセスの正統的な部分であり，より長期志向の位相である。新市場への拡張や新しい科学技術に対する応用の

領域を発見するなどといったことが，その例である。特異的なリオリエンテーションは，物事の一貫して繰り返されるセットの産物ではないイノベーションである。それらは，仮に組織内でのコンセンサスを得られなかったとしても，変化を賦課することのできる権力的地位にいる誰かの反応を描き出している。例えば，ある学校の校長が，チーム・ティーチングは指定された特定のコースにおいて採用されるべきであるとする指示を出すかもしれない。限界的なリオリエンテーションは，「それらの規模がゆえに，実質的にはその組織の目標や構造に影響を及ぼすことはなく，それゆえに，正当化するのが容易であるような，支配領域の（組織の）外にある相対的に小さなプロジェクトから成り立っている」(Normann, 1971, p.210)。しかしながら，これは決して意図されたのではなかったかもしれないが，手段的イノベーションに関して以前に議論したように，蓄積された限界的なイノベーションの効果は，組織の政治的および認知的システムを実質的に改変することがあるのである。

　Normannが，Knight (1967, p.482) が根本的イノベーションを実行 (performance)，すなわち，新市場の需要あるいは新製品機会の適合といったような，ある要求された課業を遂行する組織の能力に影響を及ぼすイノベーションと言及したことを重要視していることに注目してみよう。その一方で，構造的に根本的であるイノベーションが存在する。すなわち，それらは，コミュニケーション・システムや報酬システムおよび権威構造といった組織的要素を変えてしまうリオリエンテーションなのである。図1－3は，これまで議論してきたイノベーションのさまざまなタイプを要約したものである。図1－3のDalton (1968) の価値本位の (value-centered) イノベーションが，Knightの分類が取り扱っていないと思われる政策および戦略の変化を含んでいることは注目に値するかもしれない。図1－4は，最も基本的な類型論を検分する代替的方法を表している。このように，ある所与のイノベーションは，手段的，計画型，あるいは日常的であるかもしれない。図1－4は，ある組み合わせは，他のそれよりももっと起こり得る可能性はあるが，それぞれのタイプは相互に排他的ではないということを意味している。計画型イノベーションは通常，日常的イノ

図1−3 イノベーションの種類

システムの状態によるイノベーションの諸タイプ
 1．計画型イノベーション
 2．非計画型イノベーション
  (a) 余剰（スラック；slack）イノベーション ⎤ Cyert and ⎤
  (b) 追い込まれた（ディストレス；distress）イノベーション ⎦ March, 1963 ⎦ Knight, 1967

当初の焦点によるイノベーションの諸タイプ
 1．科学技術的イノベーション
 2．価値本位のイノベーション ⎤ Dalton et al.
 3．構造的(管理上の)イノベーション ⎦ 1968
  (a) 本源的イノベーション ⎤
        ⎦ Grossman, 1970
 1．製品またはサービスのイノベーション ⎤
 2．製造プロセスのイノベーション   ⎥ Knight,
 3．組織的 — 構造的イノベーション   ⎥ 1967
 4．人的イノベーション   ⎦
  (b) 手段的イノベーション

産出結果ないしは効果によるイノベーションの諸タイプ
 1．成果の根本性 ⎤ Knight, （ⅰ）大規模 ⎤ Harvey and
 2．構造的根本性 ⎦ 1967 （ⅱ）小規模 ⎦ Mills, 1970

 1．バリエーション（副次的変化を意味する）
 2．リオリエンテーション（主要な変化を意味する）
  (a) 体系的なリオリエンテーション ⎤
  (b) 特異的なリオリエンテーション ⎥ Normann, 1971
  (c) 限界的なリオリエンテーション ⎦

ベーションであるが，その一方で，非計画型イノベーション（とりわけ"追い込まれた（distress）"バラエティ（変種））は，それらが組織の下位システムにおける変化を作り出す傾向にあるために，相対的に根本的なイノベーションとして現れることがよくあるのである。組織内の意思決定プロセスとパワー（権力）関係によって，非計画型イノベーションはまた，特にもし根本的な状況が存在しているならば，本源的イノベーションになるかもしれないのである。

イノベーションの属性

 これまで，私たちはそれらが属する主要なイノベーションないしはカテゴリー

図1-4　イノベーションの最も有望な組み合わせ

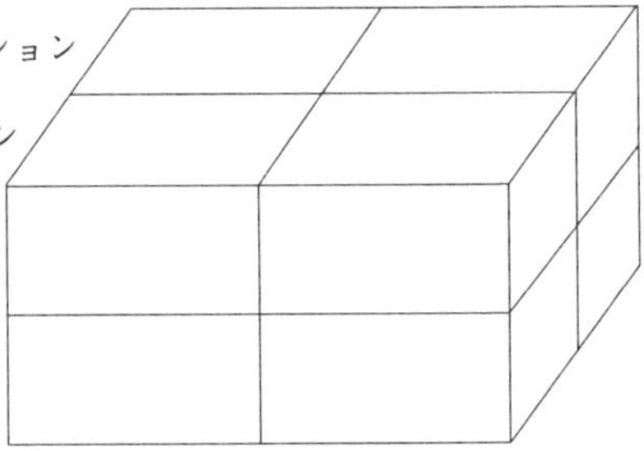

手段的イノベーション
本源的イノベーション
計画型イノベーション
非計画型イノベーション

日常的
(バリエーション)
イノベーション

根本的
(リオリエンテーション)
イノベーション

のタイプについて取り扱ってきた。ここでは，イノベーションのそれぞれのタイプが持っている，およびそれらの採用もしくは却下に影響を及ぼすことが知られている属性に注意の焦点を当てることにする。さまざまなイノベーションのタイプのそれぞれは，イノベーションに対する反応を記述し，説明し，予測するのに有効であることが明らかである属性のさまざまな組み合わせを持っている。

たぶん，イノベーションの属性に関する最も包括的な取り扱いは，Lin and Zaltman (1973) によって提供されたものである。以下のパラグラフにおける議論の多くが，その源泉から翻案されている。

コスト (費用 ; Cost)

コストは最も明確な次元の1つである。コストの1つのタイプは**財務的**なものである。それは，(a)初期コスト (initial cost) と，(b)継続コスト (continuing cost) に分けることができる。Fleigel, Kivlin, and Sekhon (1968) の農業関係企業 (farming enterprises) の研究によれば，初期財務コスト (initial financial cost) は，14の他の属性と照らし合わせた場合，プラス0.43の採用率で正の部分相関が見られた。継続コストと採用率は，マイナス0.24の14番目 (fourteen-

表1－5　農場実務と採用率との間の期待されるおよび実際の関係

属　性	採用率との関係		
	期待される方向	単純相関	部分相関
1. 初期費用	−	+.10	+.43
2. 継続費用	−	+.01	−.24
3. 費用回収率	+	−.10	−.23
4. 利　益	+	+.23	+.36
5. 社会的認証	+	−.02	+.13
6. 時間節約	+	+.20	+.10
7. 不快の軽減	+	+.25	+.11
8. 報酬の規則正しさ	+	+.14	+.30
9. 試行の可視性	+	+.34	+.44
10. 複雑性	−	−.19	−.00
11. 結果の明瞭さ	+	+.07	−.23
12. 融和性	+	−.23	+.17
13. 酪農業との関係	+	+.07	+.31
14. 機械操作の魅力性	+	−.16	−.06
15. 普及度	−	−.28	−.06

出所：Fleigl et al., 1968.

order）の部分相関があった。これらの著者によって研究された14個（訳者注：表1－5には属性は15あるが，原文では14であったため，原文のままにしてある）の他の属性は，表1－5に示されている。そこには，イノベーションのコストが大きければ大きいほど，その質が高くなるということを述べたコスト－品質（costquality）関係があるとする1つの説明がある。少なくとも潜在的ユーザーの心の中には，コストは推定される研究開発努力に帰され得るであろう，ということがある。このことは，そう頻繁には購入されない，長い間使われるであろう耐久産業財に主に適用するように思われる。このように，特別な耐久財のイノベーションの知覚された特別なコストは，心理学的な感覚および会計学的な感覚において，長期間にわたって比例配分されるのである。そしてそのことが，増分原価（より高い購買価格）を小さく見えるようにするのである。

「欠乏の誘因（scarce inducement）におけるコスト（インセンティブ；報奨or

心理的誘因）が大きければ大きいほど，見込まれる利益とは関係なく，イノベーションは根本的になる」（Wilson, 1966, p.197）。イノベーションのコストは，「それらのインセンティブのどれかが再配分されなければならない，あるいはその供給が増大させられる程度」であるとWilsonは述べている（p.197）。インセンティブは財務的であるか，またはそうでないかもしれない。明らかにこの定義においては，イノベーションの根本性は，社会的観点からではなく，組織の観点から見たものである。例えば，速記術の企業連合（stenographic pool）によるイノベーションは，仮にそれらの採用のための誘因のコストが高ければ，大学の調査研究チームのそれよりも根本的であるかもしれない。

　社会的コストは，犠牲（費用；expense）というまた別の形態である。Fleigel et al. (1968) は，社会的コストが発展途上国における採用率（プラス46で11番目の部分相関）を説明する上での重要な要因であるということを発見した。しかしまたその一方で，それはアメリカ合衆国にとって重要でないことも判った（プラス0.13とマイナス0.10の間の11番目の部分相関）。ある国際的なマネジメント・コンサルティング企業は，組織内のパワー（権力）ないしは地位におけるうわべ上のちょっとした変化（コンサルティング企業の見地から見た）でさえも，より効率的な管理科学のテクニックの採用から結果的に生まれ，新しく採用された実践を継続させないようにするために，開発途上地域においてかなり多くの中規模ビジネス企業を生じさせるのに十分な内的コンフリクトを生み出すということを観察したと述べた。もちろん，第三者によってささやかな組織的変化を"過剰反応"として分類されるようなものに関する有り余るほどの証拠が先進国には存在する（Spicer, 1952）。

　社会的コストは，ある直接的に関係した準拠集団からのあざけり，仲間はずれ，あるいは排斥や追放といった形でも生じることがある。ある集団内の社会的地位は，そのようなコストが発生する程度や個人がいかにこのコストを真剣に知覚するかということに影響を及ぼすのである（Homans, 1961）。ある集団の管理者は，革新することによって失うものはほとんどないかもしれない。それゆえに，相当数の不認証が存在する時でさえも，彼はあるイノベーションを

採用することに踏み出すかも知れないのである。決定が賢明なものであることが判り，彼が結果として重要視されるようになる可能性は常に存在する。これは，それによってイノベーションが公式および非公式の両方の集団に採用されるあまり研究されていないメカニズム（仕組み）である。ある集団の高い地位にいるメンバーはまた，潜在的あるいは実際のあざけりがなかったとしても，やはりイノベーションを採用するかもしない。高い地位にいる人は，その人が引き寄せることのできる評判や社会的信用の目録を持っているために，そうすることができ，そしてもしそのイノベーションが成功しなくても，損害を被ることはほとんどないのである。

投資対収益（Return to Investment）*

第2の次元は，投資に対する収益に関係している。これは，著しく希少な資源，あるいは短期的な投資政策選好を持つ組織においてはとくに重要である。この欲求充足の延期は，産業に応じた企業間で，オペレーションのタイプや規模に応じて企業内で，管理者間の達成動機などによってもさまざまである。投資に対する収益は，非営利組織において取り扱うにはさらに困難な次元である。教育の分野のイノベーションにとって，教育上の変化の利益は，計算したり，定義したりすることが不可能なことがよくあるので，投資対収益の要因は，判定することが難しいのである。

*訳者注：投資収益（率）は，投資した資本に対して得られる利益の割合で，利益を投資額で割ったものであり，通常，英語表記ではreturn on investmentと表される。しかしながら，原著では投資収益とほぼ同様の内容ながら，return to investmentとされているため，「投資対収益」という訳語を与えている。

効率性（Efficiency）

もう1つの潜在的に重要な要素は，(a)全体的な時間節約，および(b)特にボトルネック（阻害要因）の回避によるイノベーションの効率である。実際，個人および組織の両方とっての変化のための刺激として働く最も基本的な欲求の1つは安心と回避の欲求，すなわち，罰を回避する願望である（Barnett,

1951)。これは,存在しない,もしくは現在所持していない手段および目標に対する願望を表わしており,産業と消費者マーケティングの文脈の両方において見られるようである。時間節約的属性は,労働集約的産業,例えば,適度に小さいが,技術的に進んだ採用者の採用決定において重要であるよう思われる。

リスクと不確実性 (Risk and Uncertainty)

イノベーションに関係したリスクと不確実性はまた,他の特性よりももう少し広範囲にわたって詳しく調べる必要のある重要な要素でもある。「誰かがイノベーションを達成したところでは,追随者はずっと少ない探索コストで済む。この差異に関連して,革新者が新しいアイデアの可能性を明らかに示した後の後期採用者に対する減じられたリスクがある」(Becker and Whisler, 1963)。リスクの重要性は,社会部門や産業ないしは組織的な文脈によってさまざまである。Becker (1970) は,公衆衛生局員 (public health officers) の研究で,政治的なリスクを強調するか,またはそれを伴うイノベーションの属性に焦点を当てた。彼は,その属性の中で,提案されたイノベーションに固有の抵抗の機会と公式の評判もしくは地位に関して,それが巻き込むリスクが重要であると考えた。

伝達可能性 (Communicability)

あるイノベーションの伝達可能性は,それが受け入れられるか否かにかなり影響を及ぼす。第1に,イノベーションの結果が他者に広まる,その広まりやすさと効果は,普及プロセスにおいてある主要な力を構成する (Rogers and Shoemaker, 1971)。これは,アメリカ合衆国の鉄鋼産業のイノベーションに関してはとりわけ本当であることがわかった (Czpiel, 1972)。あるイノベーションの結果が,明らかにこれと関係している。イノベーションは,複数のいくつかの要因の管理を伴うダイナミックな状況に導入され,そしてそこではその他の要因にはまったく何の効果的な統制手段も存在しないということがしばしばある。そうなると,そのイノベーションが導入された後に,起こり得るいかなる変化もそのイノベーションに帰する,あるいはそのせいにすることは困難にな

るのである。そのような場合には，調査研究技法にさらに多くのものが求められるのは明らかであるが，いくらかの近年の進んだ調査テクニックにはすでにそれを備えたものがある（Campbell, 1969）。また，イノベーションに関する情報伝達に対しても曖昧性（押しつけられた，あるいはそうでないシステムでも）が存在するかもしれない。倫理に関する産業の慣例や反トラスト法は，情報のあるチャネルを事実上遠ざけているのである。

融和性（Compatibility）

融和性は，それがゆくゆくは増補したり，補完したり，取って代わったりする既存製品に対するイノベーションの類似性に関係している。Rogers and Shoemaker（1971）は，融和性を幾分異なって表現している。彼らはそれを「イノベーションが既存の価値観や過去の経験，そして受け手のニーズと一致したように知覚される程度」（p.145）として定義している。これは，イノベーションが特定の文脈で知覚され，その文脈において，イノベーションとその他の要素の関係がイノベーションの採用と普及に影響を及ぼすということを仮定している。**浸透性**（普及力；pervasiveness），あるいはイノベーションが組織における他の要素のその部分の変化もしくは調整に関係し，そしてそれを要求する程度は，その組織全体およびその構成要素である成員による採用のスピードに影響を及ぼす（Menzel, 1960；Linton, 1936；Barnett, 1953）。イノベーションの浸透性が高まれば高まるほど，その受容は緩慢になるのである。

イノベーションの突出した属性としての融和性のコンセプトは，Thio（1971）によって徹底的に考察された。彼は分析の文化的レベルでの最初の使用から社会的レベルに至るまで，その取扱いの跡をたどっている。分析の社会心理学的なレベルでは，人格，感情的な態度，価値志向，以前の革新的な経験（Brandner and Keal, 1964），信念（Yeracaris, 1961），そして教育および所得水準（Graham, 1954）などといった採用者の特性へのイノベーションの"適合のよさ（goodness of fit）"に対して注意が向けられた。融和性の概念は，潜在的採用者の心理的－社会的－文化的世界に特に結びついており，おそらく他のいかなるイノベーショ

ン属性より以上に,心理的世界と関連づけて考察されなければならない。Thio は,より詳細な研究から,採用者－イノベーション融和性次元のもう2つ(文化的,社会的,社会心理的次元に加えて)のタイプを付け加えている。象徴的(symbolic)融和性は,組織の主観的知覚,すなわち,組織がそのイノベーションの中に見ているもの,と言及される。機能的(functional)融和性は,そのイノベーションを利用するために,潜在的採用者に機能的に求められるものに関係している。これらの見解は,本書のこの後の部分のより組織的に方向づけられた設定で再び取り上げられる。

Brandner and Keal (1964) は,以前に好ましく評価された実践と一致するように,イノベーションを評価する機会を持ったビジネス企業(より明確には,主たる意思決定者)は,このような機会をもたない企業よりもずっとすばやくイノベーションを受け入れるという命題のための証拠を裏づけることを検証し,明らかにした。しかしながら,さらに興味深い調査結果がある。それは,適合(congruence)が要因である所では,それが,とても重要であるので,年齢や教育の流動性,経済的重要性,そして組織の人の間での採用のスピードに通常関連した他の要因といったような要因の有意性に取って代わるように思われるということである。

複雑性 (Complexity)

イノベーションの複雑性は明らかに,その受け入れに影響を及ぼしている。一般的に言って,イノベーションが業務を通じて複雑になればなるほど,その受け入れは遅くなる。複雑性は2つのレベルで顕在化する。第1に,イノベーションは複雑なアイデアを含むこともある。第2には,イノベーションの事実上の遂行が複雑であるかもしれないということである。使用するのが容易ではあるが,その本質的なアイデアが複雑であるイノベーションは,使用するのが難しいけれども,その本質的アイデアないしは考え方が難なく理解されるイノベーションよりも採用されやすい傾向にあると言うことができるかもしれない。

科学的地位 (Scientific Status)

採用と普及において重要な役割を果たし得るイノベーションのもう1つの属性は，科学的地位である (Havelock, 1970, pp.8-38, 39)。これは，新製品にとってそうであるのと同様に，新しいアイデアおよび実践にとっても重要である。新しい知識がイノベーションになり得るケースでは，その信頼性，有効性，一般性，内的一貫性その他などが重要な下位属性になる（例えば，Zaltman and Koëhler, 1972参照）。科学的に妥当なイノベーションがすべて採用されるわけでもないし，科学的に妥当でないイノベーションがすべて却下されるわけではないことを付け加えておく必要があるだろう。

知覚された相対的優位性 (Perceived Relative Advantage)

そのイノベーションがその時点で使われている実践を含む，他の代替案を超えて持っている知覚された相対的優位性が重要なのである。他の代替案がしないことをそのイノベーションがすることが，その重要な属性なのである。その重要な属性の数が多くなり，それらの重大性が増せば増すほど，そのイノベーションは採用されるようになるのである。相対的優位性の**視認度** (visibility) もしくは突出した点が重要なのである。イノベーションが目で見てわかればわかるほど，それが採用される可能性が高まるのである。このことは，さらに別の要因をも示唆している。そのイノベーションが**デモンストレーション（実証または実演；demonstration）** を受け入れやすければ，受け入れやすいほど，その優位性は可視的になるのである。実証は2つの方法で視覚的に見ることができる。1つは，そのイノベーションがいかにして採用されるかを表示することから構成される"使用実証 (use demonstration)"または手段実証 (method demonstration) である。2番目は，特定のイノベーションを採用するベネフィットを明示することを意図した"結果実証 (result demonstration)"である。理想的には，両方の形態のデモンストレーションを管理できるようにすることが望ましい。しかしながら，実際は，これはしばしば実行不可能である。とりわけ，そのイノベーションが何の物理的な表示を持たないアイデアである場合は

そうである。とは言うものの、あるイノベーションの供給業者が、そのイノベーション、例えば重機が実際に使われている用地に購買委員会の全員を連れていくなどということは、一般的によくある実践である。

以前に言及したように、相対的優位性は、幾人かの研究者（Knight, 1967）によって、相対的優位性の代わりに根本性という言葉に置き換えて考えられていた。実績（能力）の根本性すなわち、他の代替案と比較した時に、あるイノベーションから結果として得られるアウトプットにおける変化量を議論するだけの場合、私たちの知識に付け加えられるものはほとんどない。それでもなお、しばしば見落とされるイノベーションの根本性のまた別の次元がある（Knight, 1967によって提示されている）。それが構造的根本性（structural radicalness）である。構造的根本性は、あるイノベーションの独特な品質がコミュニケーションや権威、報酬システムといった基本的な構造的要素のような変質（alteration）を引き起こす時に生じるのである。

イノベーションのいくつかの特徴（可分性、伝達可能性、相対的優位性、融和性、複雑性）に関して、ある研究によって注意が提案されている。それは、教育者や経営管理者のあるパネル調査に対して提示されたRogers（1962）によって元々纏め上げられたものである。それらは、6つのイノベーションに5つの特徴を適用することによって、6つの広く知られた教育上のイノベーションのそれぞれを評価するために尋ねられたのであった（Carlson, 1968）。彼らの評価においては、パネル調査のメンバー間にはほとんど同意は得られなかった。これは、異なった文脈において無差別にさまざまなイノベーションの特徴を利用したことにおける注意を喚起しているのである。

起源の点 (Point of Origin)

Myers and Marquis（1969, pp.19-29）は、選び出された企業での産業のイノベーションの根底に横たわる要因の研究で、イノベーションの特徴の広い範囲を明らかにした。彼らの最初のアプローチは、起源にしたがってイノベーションを分類することであった。つまり、「それがその企業内で生じたのか。その

企業がそれを採用したのか」ということである。面白いことに，研究されたイノベーションの77％がその企業内に起源を持っていた。この特徴的な要因，すなわち起源の点は重要である。というのも，それが重要な理論的問題を提示しているからである。創始者（the originator）に見られるように，あるイノベーションの顕著な特徴は，採用者あるいは潜在的採用者によって知覚されるものと一致する必要はないのである。さらには，一度その採用が行われ，ある程度の時間が経過すると，採用に先立って重要であると考えられるイノベーションの特徴が，他の要因に対する重要性を生み出すのである。このように，イノベーションの顕著な特徴は，それが知覚される地点によって異なるかもしれないし，すべての特定の観察者の見解の中で時間とともに変化するかもしれない。加えて，採用者－非採用者の二分法を超えて，イノベーションは，異なった観念タイプのカテゴリーによって異なって見られるかも知れない。それはつまり，個人および組織が採用する前に必要としている時間と対立するものとして，あるいはまたそれと同様に，ユニークさによるイノベーションの彼らの知覚を基礎に，彼らが属している組織と個人を類別するのは，同じように有益であるかもしれないということを示唆しているのである。

　Myers and Marquisはまた，新しいアイテム（種；item）と変更されたそれを区別した。そこでは，変更されたアイテムは，企業が，影響を受けたそのアイテムをすでに生産している状況にあるように保たれた。変更（modifications）は，5つの有意味なカテゴリーに分けられた。それは，改善された美意識（improved esthetic），増大された有用性（increased utility），増大された耐久性（increased durability），増大された実技の効率（increased efficiency of performance），低減された生産コスト（lowered production cost）である。研究されたイノベーションのほぼ2／3は，新しいアイテム（種）であった。「元のイノベーションの1／3よりも少ない数と比べると，実に採用されたイノベーションのほぼ1／2が改良（modification）であった」(Myers and Marquis, 1969, p.20)。その著者たちは，さらに製品，部品（構成要素），プロセスのイノベーションの間の区別を作ったのだった。

1. イノベーションの本質

終端性（Terminality）

終端性は，重要ではあるが，多くのイノベーションの中の相対的にあまり研究されていない領域である。終端（terminal）は，イノベーションの採用があまり価値のないものになっているか，さもなければ，不可能でさえある状態を超えた時間のある特定の点を表わしている。それは，生産プロセスにおけるイノベーションの組み込み（installation）のように，もしその工場が建設中で組み込めないならば，古い革新的設備が十分に減価するまで組み込まれないような点である。多くのイノベーションは，固有の終端を持っている。新しいカリキュラム計画は，学校の年度始まりに設定されるか，そうでなければまったく計画がないかである。同様に，新しい法案は議会の開催期間に採決されなければならない。そうでなければ次の議会まで待たなければならないのである（Walker, 1969）。別の例では，もしそれが採決されたり，否決されたりすると，再びそれが採用に致るには法律によって決められたものより長い最小限期間（minimum period）を必要とするかもしれない。イノベーションには1つないしはほとんど終端を持たないものがあるが，その一方で，多くのそれを持つものもある。あるイノベーションが5つ以上の終端をもってはいても，その間隔が長い期間である場合，それらは，1つもしくは2～3の終端しか持っていないように見えることがある。そこにはまた，イノベーションの終端のイメージを1つかまたはほとんど示さないことで，採用を促進するためのイノベーションの源泉の役割に関する傾向がある。それゆえに，終端の数および間隔は，普及プロセスに大きく影響を及ぼすことがある。

以前の状態（Status Quo Ante）

以前の状態に元通りに戻り得る程度と戻りやすさがイノベーションの採用との肯定的な関係を持つもう1つの要因である。この特徴は，**可逆性（取り消し可能性；reversibility）** と名づけられ得る。数多くの代替的イノベーションが受け入れ可能である場合，より可逆的なものは，他のものよりも早く採用されるようであるといういくつかの証拠が示されている（Taylor, 1970）。**可分性**

(divisibility)，すなわち既存の文献のなかに見出されるある1つの次元は，可逆性と関係している。可逆性に関する一般的な見解は，限られた基盤の上にイノベーションを実行することを試みる能力であるというものである。つまり，その基盤となるものが限られれば限られるほど，コミットされる資源の量は少なくなり，イノベーションの**前の状態**は容易に復元され得るのである。Coughlan et al. (1972) は，可分性を2つのタイプに類別した。第1は，ある完全なイノベーションが，現用の実践をすべてすっかり断念することなしに完全に実行され得る範囲を反映するのである。これは，学校における個人ごとに合わせた教育プログラムの採用によって例証されている。たやすく個別化するのに向いている科目は，教えられるすべての内容を個別化するより前に，まず試行を提供することに優先して変更され得るのである。可分性の第2のタイプは，イノベーションが，フィードバックの利益をもって徐々に実行されることがある一連の構成要素へと分解され得る範囲に関係している。

コミットメント（関与；Commitment）

イノベーションを成功裡に活用するために求められるコミットメントの程度は，可逆性と可分性に関係している（コミットメントの動態論の良好な議論のためには，Kiesler, 1971を参照のこと）。しかしながら，可逆性と可分性とを対比すると，この次元は，態度的および行動的な受容の考察を含むものである。これらの2つの要素のうちのどちらかが，一方に先んずることもある。採用と普及のための最も好ましい状況は，少なくとも，部分的な行動的変化が態度の変化に先んじて起き得る時である。第1に，一度部分的なコミットメントがあったならば，仮に事前のコミットメントがまったく得られないかもしれないよりも，十分なコミットメントが後に続く可能性が高いように思われる。第2に，たとえ意図されない行動的変化の状況下でも，態度はやがて，実際の行動に一致するようになるという根拠が存在するのである。さらに，行動的変化が意図に基づいたものであることは望ましいことではあるが，それが受容を獲得するために，存在することは必要ではないのである。もちろん，組織の権威構造はここ

では重要な要因になるだろう。コミットメントの範囲は，意思決定プロセスにおける組織成員間の相当程度の知覚が存在する状況において，主として実際に意味を持つ。たとえ，1人か2～3人の個人によって行われたとしても，あるイノベーションを採用する決定は，行動的文脈では，そのイノベーションに対して他の組織成員をそのイノベーションに自動的にコミットしているのである。

個人間関係 (Interpersonal Relationships)

本質的にほとんど研究されてこなかったイノベーションのもう1つの特性は，組織内および組織間の個人間関係に関するイノベーションの影響 (impact) である。確かに，多くの研究が個人および集団のさまざまな特徴に関するイノベーションの影響と結果に焦点を当ててきた。しかしながら，さまざまな結果を与えるイノベーションの潜在性には，ほとんど注意が支払われてこなかったのである。例えば，イノベーションは，破壊的−統合的連続体 (disruptive-integrative) に沿って変化するかもしれないのである。これに関連して，イノベーションは，その課業と目標（外的な）の相関関係もしくはその反対よりも，ある集団の社会感情的 (socioemotional)（内的な）機能に対してのほうに直接的に関係があるのではないだろうかという考え方が存在するのである。イノベーションは，その採用が，ある個人をその組織のより重要ではない（あるいは，そうではない）成員にしてしまうものなのか。ある個人によるあるイノベーションに対する初期の抵抗が，その組織内の彼もしくは彼女の相対的地位を高めたり，強化したりするかもしれないが，そのイノベーションが組織内の他の成員によって受け入れられるにつれて，非採用者はますます末端の存在になっていくかもしれない（少なくとも，当のイノベーションに関しては）。

公的性対私的性 (Publicness and Privateness)

公対私は，イノベーションのさらなるもう1つの次元および特性である (Olson, 1971)。公共財は，社会システムのすべての成員に入手可能なものである。地域の水道システムのフッ素処理は，公共財である。この考え方に反対す

る人々でも，それを受け入れなければならない。このことは，公共財上で活動することを求められる**意思決定主体の規模**（the size of the decision-making body）に関するものと同様の次元である。たった1人で意思決定をすることができるのか。それは，単純多数の同意を必要とするのか。それとも，それよりも少ない，もしくは多い数の同意を必要とするのか。

ゲートキーパー（門番；Gatekeeper）

ある組織に対するあるイノベーションの導入とその組織によるそのイノベーションの実際の採用との間に関与する"ゲートキーパー（門番）"の数が，関連した特徴になるのである。イノベーションの中には，それが効果的に採用される前に非常に多くの認証的チャネルを経ることが求められるものがあるが，その一方で，まったくそうでないものもある。また，あるイノベーションを導入するのにたいへん多くの代替的なゲートキーパー（門番）が存在することもある。

継続的な変更に対する感受性（Susceptibility to Successive Modification）

継続的な変更に対する感受性は，さらに別のイノベーションの特徴の一部を成す。イノベーションの能力は，言ってみれば，機械のある特別な部品のようなものであり，柔軟性を欠いているために陳腐化していくものとは対照的に，テクノロジーにおける改良に適合するような能力であり，重要である。イノベーションを精錬し，苦心して仕上げ，修正する能力は，財務的な投資が大きく関連したテクノロジーが急速に成長するようなところでは，とくに重要であるように思われる。

出入り口の能力（Gateway Capacity）

もう1つの特徴は，イノベーションの出入り口に関係したものである。イノベーションの採用に由来する本来的な価値に加えて，付加的な価値は，**あるイノベーションの採用が他のイノベーションの採用への道を開けることのできる**

程度にまで増大する可能性がある。もしかすると，他のイノベーションを採用するための機会の増大は，初期の増長しているイノベーションの本来的な価値であるかもしれない。

出入り口のイノベーション (Gateway Innovations)

大規模な社会的変化が起きているような場合には，出入り口のイノベーションについて考えることは，有益なことである。出入り口のイノベーションのどんな布置配列が最も変化を引き起こしやすいのだろうか。ある組織の社会的構造における小さな変化が，大規模なイノベーションのための足場となるものを設定することによって，長期的には劇的な衝撃を与える可能性があるのである。出入り口のイノベーションの蓄積された採用に関するある玄関口に到達した後に，急激な離陸（急成長）が起きるのである。もちろん，これは手段的なイノベーションに関係して先に議論されたことである。

必要性と十分性 (Necessity and Sufficiency)

重要な点がもう1つある。イノベーションに関連した多くの属性は通常，必ずしも新しいと知覚されたものと関係があるとは限らないのである。そのような属性の例に可分性 (divisibility)，伝達可能性 (communicability)，終端性 (terminality) がある。当然，そのような要素は，あるイノベーションに向かっている組織の行動に影響を及ぼすことはない。というよりもむしろ，私たちは，イノベーションの構成要素と考えられる要素と，その採用を妨げる，ないしは助長するために機能するイノベーションに関連した要素とを区別しなければならないのである。またさらに，新しさ（新奇性）の先例を象徴する変数が存在するのである。一例として，潜在的な採用を行う組織がそのイノベーションに晒される時間がある。しばしば（しかしながら，いつもとはほど遠い），これは，あるアイテム（種）が存在している時間に関係しているのである。新しさ（新奇性）を構成するこれらの属性のみが，イノベーションのアイデア，実践，ないしはイノベーションとしての資格が与えられるものごとのための必要と十分

条件なのである。推定的な先行変数は必要条件ではあるが十分条件ではない。一方，そのインパクトだけが採用率に影響を及ぼすことのある要素や，変数，もしくは属性は，あるアイテム（種）をイノベーションにするのには，必要条件でもなければ，十分条件でもないのである。ここで2つの但し書きが述べられる必要があろう。1つは，表1－6に示されている属性の3つのカテゴリーは，相互に排他的ではないということである。所与の例における所与の属性は，ある先行属性，新しさ（新奇性）もしくは助長的な属性としての資格のある可能性が高い。第2に，ある特定の属性の分類は，(1)そのイノベーションが導入される文脈，(2)そのイノベーションの固有の特徴，(3)潜在的採用者の知覚的プロセスに依拠しつつ，すべて1つのカテゴリーに落ち着くのである。

表1－7は，イノベーションの主要な属性を要約したものである。教育の分野において支援を受けている新しく導入された組織的イノベーションを記述することによって，これらの次元のいくつかの例証を持って本章を結論づけるこ

表1－6　イノベーション－関連属性における必要性と十分性

先行属性	新奇性の属性	助長または抑制属性
必要だが十分ではない	必要かつ十分	必要でもなく十分でもない

表1－7　個々の主要なイノベーションの種類に対する
　　　　　潜在的関連性のイノベーションの属性

イノベーションの属性		
財務的コスト	複雑性	個人間関係の影響
社会的コスト	知覚された相対的	公共性
投資利益	優位性	
効率性	論証可能性	
リスクと不確実性	終端性	ゲートキーパーの数
伝達可能性	可逆性	継続的変更に対する
結果の明快さ	可分性	感受性
適合性	コミットメントの範囲	出入り口の容量
浸透性		

とは有益であるかもしれない。問題になっているイノベーションは，チーム変更（the change team）の概念である。最も一般的に言われていることは，このコンセプトは変化（変更）に責任を持つ，ある組織内の2人かそれ以上の個人の選任を必然的に伴うということである。(1)変化を必要とする組織における領域の明確化，(2)革新的な解決策の選択，そして(3)その解決策の実行と善後策で積極的にアシストすることが彼らの仕事である。

　チーム変更（the change-team）の概念（コンセプト）は，**日常的なルーティーンの問題解決**よりもむしろ**根本的な問題解決**であると言われている。というのも，学校組織の大多数にとって，それは，組織構造のいかなる既存部分にも前もって明確に焦点の当てられることのない責任をもつ新しい構造的な単位を含むからである。方向づけられた変更に対する責任は，学校のシステム全体を通じて普及するので，提案されたイノベーションは，多くの個人に対して威圧的に映るかもしれない。そのコンセプトは，ある学校のシステム内のかなりの数の課業に影響を及ぼす**範囲**において広がるのである（Wilson, 1966）。チーム変更は，教育訓練や教員評価といったような1つの領域にその活動を限定するものではない。つまり，その範囲は複数の領域にまたがっているのである。さらに，そのイノベーションは変異よりもむしろ**再方向づけ**（reorientation）を含んでいるのである（Normann, 1971）。すなわちそれは，新しい目標，価値観，サポート構造といった基本的な変化を含んでおり，新しい種類の専門家的な知識を要求するのである。そのコンセプトは，そのシステムに入っていくためのさらに重要なイノベーションのための機会を確立する，**高度な出入り口**（gateway）の能力を持っているのである。実際，この特質はチーム変更を支持するすべての議論において中心的な長所である。チーム変更の概念が，それが組み込まれるであろう既存のシステムに適合するかどうかをアプリオリに（演繹的に）判断することは困難である。もちろん，そこには取り扱うのが難しい自由選択（self-selection）の尺度がある。そのアイデアが適合可能である学校システムはおそらく，よりすばやくイノベーションを採用する傾向にあり，そしてその範囲で，この特定のイノベーションの必要性は少なくなるであろう。一方，

そのアイデアが適合不可能であるようなシステムは，そのアイデアに抵抗し，おそらく，他の革新的なアイデアにも同様に抵抗する傾向にあるだろう。**浸透性**（pervasiveness）に対するその潜在力は高い。もしうまく実行されれば，そのコンセプトは，社会システムと，両親や啓発者，および教育的な資材の供給者といった外部者などの多くの他の要素間の調整と変化を求めるかもしれない。この調整が漸進的であるか，即時的であるかは，チェンジ・エージェント（変化推進者；the change agent）によって採用される戦略に依存しているのである。

イノベーションは，相対的に言って，ほとんど**可分性**（divisibility）がないように思われる。つまり，アイデアの公正な検証を許容する限定された方法で，そのアイデアを実行することは不可能であると思われる。しかしながら，これは部分的には分析視角の問題である。巨大な教育システムにおいては，それは，あるコントロールされた実験の流儀で，1つないしは2〜3の学区で試行されるかもしれない。そうは言うものの，その実験グループにおいては，過不足なくそのコンセプトを採用するのが望ましいだろう。

イノベーションは，それが試される社会システム内の**社会的関係**（social relationship）に明らかに強いインパクトを与えるだろう。それが社会情緒的（socioemotional）機能，および課業－目標関係機能に与える相対的インパクトが，依然としてそこには見られるのである。適切に導入されれば，そのコンセプトは，彼らの変化に対する諸努力において失望したり，行く手を阻まれたりしたように感じるかもしれないそのシステムのメンバーに対して同情的な聞く耳（sympathetic ear）を提供することによって，うまく緊張を低減し得るのである。社会的関係に対するインパクトは，実行と評価の両方の段階で注意深く考慮されなければならないイノベーションのある重要な特質である。例えば，チーム変更は，教員と学校長との間を直接繋ぐある閉じた回路を提供することがある。チーム変更のメンバーは，教員と学校長との直接的な接触を生み，それにより教頭や部門長およびその他の役職を飛び越えて結びつけるかもしれない。これには，教員にトップの意思決定者との直接的な関係があるような感情をもたらす1つの効果がある。逆機能的効果は，飛び越される（迂回される）地位

を占有するそれらの人々を疎外してしまうことだろう。もちろん，これは必ずしも事実ではない。チェンジ・エージェントは，特定のグループを明確化したり，それらに焦点を当てたりするのである。つまり，あるエージェントは教員たちとの接触個体（パーソン）になり，他の教員は，学校システムのそれぞれの主要部分が，その代表者となるような部門長や中央管理責任者（central administration）らとの接触個体（パーソン）になるのである。

　イノベーションのもう1つの特質は，個人の採用もしくは拒絶のプロセスよりもむしろ，**集合体**（a collective）を巻き込むことが非常によくありそうだということである。その浸透性と社会関係への影響性ゆえに，とても多くの人がおそらく，その意思決定プロセスに巻き込まれるであろう。ここで再び，これはまた，そのコンセプトを実行するのに用いられる戦略に依存しているのである。ひょっとすると，その採用は専断によって引き起こされているのかもしれない。もう一方の対極の場合，採用はグループの議論を通じた総意の形成によって達成されるかもしれない。後者のアプローチはたぶん，実践において好まれるだろう。これは，イノベーションがそのシステムに導入される可能性のある社会的システムの結節点（nodes）や地点の特徴に関連している。おそらくそのアイデアの擁護者が，官僚システムの中で高い地位にいる誰かか，あるいは少なくとも建前上，そのシステムの外にいるコンサルタントのような誰かであるかもしれないが，チーム変更のアイデアは，教育委員会から個々のクラス担任に至るまでの誰かによって提出され得るのである。

要　約

　本章では，**イノベーション**という用語のいくつかの代替的使用について検討を加え，そしてそれは，概念的に異なった方法で使用されることを示唆してきた。イノベーションはここでは，採用の潜在的単位によって新しいと知覚されたアイデア，実践，ないしは製品を意味すると限定されている。イノベーションを採用する，もしくは少なくともあるイノベーションの採用を考える願望は，

成果ギャップ（performance gap）から生じることがしばしばある。しかしながら，イノベーションの特徴は，あるイノベーションを採用する必要性，あるいはまた願望とその実際の使用との間の重要な媒介の要素であることである。イノベーションには3つの基本的なタイプが識別され，そしてこれらのイノベーションの諸タイプに潜在的な関連をもつ特質が考察されてきた。イノベーションの特質はしばしば，管理－決定（management-decision）変数である。つまり，変数管理は操作もしくは統制することが可能なのである。例えば，管理者があるイノベーションを可分的にすればするほど，それは，そのイノベーションの受容に影響を与える可能性が高まるのである。リスト化されたさまざまな特質がすべてを網羅するにはほど遠いだけでなく，決してそれらすべてがすべてのイノベーションに実際に関係する次元でもないのである。

2. イノベーションのプロセス

序　文
　　プロセスとしてのイノベーション
イノベーションにおける意思決定プロセス
　　意思決定の諸要素
　　革新的な意思決定の不確実な状況
　　成果ギャップとイノベーション
イノベーション・プロセスの諸段階
　　始動段階（initiation stage）
　　　　知識－認知下位段階／イノベーションの下位段階に向けての態度形成
　　　　／意思決定下位段階
　　実行段階（inplementation stage）
　　　　初期実行下位段階／継続－持続的実行下位段階
イノベーション・プロセスの統制
　　フィードバックとイノベーション
　　イノベーションにおけるフィードバック・プロセスの例
　　イノベーション・プロセスとフィードバックの本質
革新的な意思決定の種類
　　権威的意思決定
　　集団的意思決定
イノベーションに対する抵抗
　　イノベーション・プロセスの抵抗と諸段階
　　　　始動段階：知識－認知下位段階／態度形成と決定下位段階／実行段階：初期
　　　　実行下位段階／継続－持続的実行下位段階
　　個人の抵抗プロセス
　　　　知覚／動機／態度／正当化（Legitimation）／試行／評価／採用または拒絶
　　　　／解決
要　約

2. イノベーションのプロセス

序文

本章では，イノベーションのプロセスが詳細に論じられる。特に重視されるのが，以下の点である：(1)イノベーションにおける意思決定プロセス，(2)イノベーション・プロセスの諸段階，(3)イノベーション・プロセスの統制，(4)革新的な意思決定の階層（class），(5)イノベーションの抵抗。

プロセスとしてのイノベーション

Paul (1961) は，アメリカ合衆国社会における飲料水へのフッ素添加に関する研究をいくつか検討する中で，特定化された変数とフッ素添加への賛成の意思表示との相関のほとんどは，その分散のわずかしか説明していないことが示された。特に，Paulは以下のようなことを述べている。

　……コミュニティにせよ，個人のパーソナリティにせよ，ある一定の性質に関する診断的な属性を探求することは，減少している利益のある点に近づこうとしているようなものである。英知への進路は，一連の特定的なキャンペーン活動における出来事の流れに向けた体系的な調査研究的注意を方向づけることの中にある(10)。

組織におけるイノベーションを論じることに際して，ここではプロセス・アプローチが用いられる。プロセス・アプローチにおいて，イノベーションは予測される因果的連鎖の時間的広がりに沿って並べられた一連の段階や局面から構成される。

イノベーション研究へのプロセス・アプローチは，結果（the result）または事象（the event）アプローチ〔訳者注；会計への情報接近方法の1つの試み〕とは区別されるべきである。これらのうちの後者は，普及率や採用時期といったイノベーションの結果が組織もしくはその成員の特徴に関連しているアプロー

チである。しかしながら、イノベーションの結果だけを見ていると、それに関係した意思決定プロセスと実行に係わる問題の本質のいずれもがあいまいになってしまう。Gross et al. (1971) およびGinzer and Reilly (1957) は、この考え方を批判している。というのもそれは、継続的に変化しているプロセスよりもむしろ、イノベーションを単一の出来事として取り扱っているからである。それどころか、イノベーションは、時間を超えて変化する相互に関連しあった複雑な一連の諸要素を巻き込んでいるものとして見なされるべきである (Gross et al., 1971, pp.30-31)。このように、プロセス・アプローチにおいては、イノベーションは、いくつかの段階から構成される展開プロセスとして見られ、そこでは特徴的な要因が（事象アプローチにおけるように）程度の大小で現れるだけでなく、ある秩序を持って発生しているのが解るのである。

イノベーションにおける意思決定プロセス

意思決定の諸要素 [1]

　意思決定プロセスは、イノベーションにおいて重要な役割を果たす。それというのも、組織における意思決定者はイノベーションをするかしないか、どのイノベーションを選択するのか、どんな実行方法を選択するのか、などといった選択作業に直面するからである。意思決定は通常、4つのステップを伴っている。それは、(a)入手可能な代替的行動コースの下位セットの創出、(b)個々の代替案と一連の結果との関連づけ、(c)さまざまな代替案の結果をランクづけする際の選好の順序づけ（効用関数）、(d)意思決定者による、求められる個々の効用についての満足のある最低基準に叶う最初の代替案の選択 (Taylor, 1965, p.62)、である。このように意思決定者はある何らかの必要最低基準に叶う水準の代替案を探求する。満足のいく代替案が求められるという点で、意思決定者は最大化ではなく最小限の必要条件を満たすように行動するのである (Simon, 1957, p.204 ; March and Simon, 1958, p.140)。

革新的な意思決定の不確実な状況

　イノベーション・プロセスにおける意思決定において，意思決定者はいくつかの条件の下で作業をしている。彼らが**確実性**（certainty）を経験するのは稀な条件の下であるかもしれない。そして，そこでは意思決定者は，個々の代替案の結果についての完全な情報を有しているのである。彼らはまた，個々の代替案の結果の確率分布について正確な知識を有している時にも起こる**リスク**を経験するかもしれない（March and Simon, 1958, p.137）。結局，イノベーションに関する意思決定において最も起こり得る状況において，意思決定者が**不確実性**（uncertainty）を経験するのである。不確実性という状況の下では，特定の結果が起こり得るかどうかについての確率を割り当てることができないか（March and Simon, 1958, p.137），あるいは少なくともこれらの確率に信頼性のいかなる程度をも割り当てることはできないのである（Duncan, 1972a）。

　Schon（1967）は，「…企業の革新的な仕事は不確実性をリスクに転換することにある」（p.25）と指摘することで，イノベーションにおける不確実性の重要性を強調している。彼は次に，イノベーション・プロセスにおける不確実性のいくつかのタイプを特定化している。**技術的不確実性**（technical uncertainty）は，イノベーションが技術的に実行可能であるかどうかという問題に焦点を当てている（Schon, 1967, p.26）。例えば，公害を出さないガソリン自動車を開発することは技術的に実行可能であるのか。自動車の公害防止装置におけるこれらイノベーションに関する研究の始動段階においては，組織が直面するであろう問題のタイプと，その結果組織が遭遇しそうな困難さを明らかにすることは難しいのである。そこには数多くの不確実性が存在している。イノベーションの**新奇性**に関する不確実性も存在している（Schon, 1967, p.28）。他の組織は，このイノベーションについてどんなことを行っているのだろうか。個々の組織は，他の組織がイノベーションの開発において何を行っているのかを完全に知り得ない。個々の自動車メーカーは競争相手の公害防止装置の開発について多少の知識は有してはいるが，それら装置の正確な性質や，これらの組織がすでに独自の最新のモデルを開発し，それが不満足なものであるということが判っ

たかどうかについては確信はないのである。最後に，**マーケティングの不確実性**が存在するのである（Schon, 1967, p.29）。イノベーションが開発されたならば，組織はそれを販売することができるだろうか。例えば，自動車においてスタイルのイノベーションが遂行された時，大衆はこの変化を受け入れてくれるだろうか。市場調査が継続的に行われていても，市場におけるイノベーションの受容には常に不確実性が存在しているのである。

成果ギャップとイノベーション

　イノベーションへの起動因は，組織の意思決定者が組織の現在の行動コースが不満足だと知覚した時に発生するのである。組織が行っていることと，その意思決定者が成すべきだと思っていることとの間に乖離が存在している時，成果ギャップが生じる（Downs, 1966, p.191）。この成果ギャップによって，代替的な行動コースを探索しようとするようになるのである。こうして成果ギャップはイノベーションのための刺激を提供するのである。

　March and Simon（1955, pp.182-184）とDowns（1966, p.191）はいずれも，これら成果ギャップがどのように決定されるかを示している。一般に，組織の満足度基準は，組織の成果達成のレベルに時間をかけて調整される傾向にある（March and Simon, 1958, p.182）。しかし，満足基準と実際の組織の成果との間の不一致はどのようにして起き，そしてどのようにして成果ギャップに至るのかについては，特定の道筋があるのである。

1. 組織の行為の成果（performance）レベルと満足基準に対する調整は緩やかである（March and Simon, 1958, p.183）。例えば，製造業の組織は獲得すべき市場シェアについて高い期待を持っているかもしれない。しかしながら，それらの上げ続けている成果は，これら期待があまりに高すぎることを示している。意思決定者がその期待を下方修正してもなお，多少の成果ギャップがまだ存在しているかもしれないのである。
2. たとえ，組織が安定した環境，すなわち定常的な状態（steady state）にい

た場合でも，満足基準は，いわゆる志望（aspiration）レベルのように，上方に調整される傾向がある（March and Simon, 1958, p.183）。製造組織は顧客からの比較的安定した需要のある製品を生産するかもしれない。しかし，時が経てば，意思決定者は，組織はその製品の需要をもっと高めていくことが望ましいと思うようになるのである。そして，行為成果に対する期待が組織内で上昇し，成果ギャップが生じるようになるのである。その結果，組織の反応はその製品に対するより多くの需要を創り出そうとするようになるのである。

3. 組織の内部環境における変化があるかもしれない。

    (a) **新しい人材**が組織に加入することで，組織がすべきことについて新たな期待がもたらされる。その結果，このような新しい期待によって，さまざまな満足基準が開発され，そしてついには成果ギャップが生じるようになることがあるのである。例えば，1972年，民主党は，若く，理想主義的で，よりリベラルなMcGovern代議士によって根本的な変革を達成した。

    (b) **技術的変化**（Technological change）が組織内で起きることがある。人々がする仕事の方法を変えることで，組織内で機能しているルールや手続き，人々の相互行為の方法に変化が引き起こされ，その結果，新しい成果ギャップが生じることになる。例えば，組織における新しい経営情報システムの導入は，組織の情報収集とその処理能力を増大させるものとして推進されるかもしれない。ひとたび新しいシステムが利用可能になると，組織の人々は，そのシステムが従来のシステムよりも効率的であると期待するであろう。何らかの理由で，新しいシステムが始めのうちに過去の成果に勝ることはないと，成果ギャップが結果的に生じるだろう。新しいシステムはそれが"期待された"程には効率的ではないのである。

    (c) 組織内の個人と集団との**パワー関係における変化**があるかもしれない。集団は，満足のいくような成果の基準が変化した結果，ある結

果に対する選好を変えるかもしれない。そしてその結果，成果ギャップが生じることがあるのである。例えば，警察組合が出来たならば，警察官は警察部門内の規律プロセスの組織化と法制化を次に期待し，それによって上司の恣意的な統制が減るかもしれない（Juris and Feiulle, 1973)。

4. 組織の外部環境における変化があるかもしれない。

(a) **組織の産出物**（output）**に対する重要な市場の変化**があるかもしれない。例えば，もし組織の産出物に対する需要がもはや存在しないなら，組織は必ず成果ギャップを知覚し，新たに開発すべき産出物を求めようとするだろう。例えば，新しいポリオワクチンが開発されたら，March of Dimes（訳者注：小児麻痺の救済募金）は，彼らの業務を，先天性欠損症を減らすという職務に関する異なった産出物を充足させることに焦点をおくように変えざるを得ない（Sills, 1957)。

(b) 組織構成員の成果の満足基準を変えるような**技術変化がより広範な環境で**起こっているかもしれない（Dowson, 1966, p.172)。新しい経営情報システムの開発は，多くの管理者の一部に，彼らの特定の組織がいかに情報を集め，処理"すべきであるか"ということに関するより高い期待をもたらすのである。その結果が，組織にとって実行可能な経営情報システムの探索をすることを刺激する成果ギャップになるのである。

(c) 外部環境における他の組織と関係して，**その組織のパワー（権力）地位における変化**があるかもしれない。1960年代のはじめ，大学はその環境の中で相対的に好ましいパワーを有する地位にあった。彼らは社会における他の機関や集団から，道徳的にも，財政的にも，一般的に好ましい支援を受けていた。しかし，1960年代後半の学生運動と暴動の時期に，大学に対する批判が高まった。彼らは多くの社会のセグメントから道徳的支持と財政的支持の両方を失った。多くの大学が自らは何をすべきなのかを問い直さなければならなくなっ

た。その結果，数多くの二次的なプログラムが縮小あるいは切り捨てられることになった。

組織においてイノベーションの重要な刺激となるものは，実際に何らかの成果ギャップが存在するということを組織の意思決定者の側が知覚することである。このギャップによって代替的な行動コースが探索されるようになる。イノベーションを時間的に繋がりのある段階のプロセスとして概念化すると，最初の下位プロセスは始動段階であり，それは成果ギャップに対する反応である。次節ではイノベーション・プロセスのいくつかの段階が論じられる。

イノベーション・プロセスの諸段階

まずは，イノベーション・プロセスを下位分割してみることが有益である。個々の採用単位者の観点から，結果的に"始動 (initiation)"と"実行 (implementation)"と名づけることのできる2つの段階がある。ほとんどの普及理論家は通常，始動の段階で分析を終えている。すなわち，新しいアイデアがその単位の中でパワーを保有している人によって正当化される段階か，新しいアイデアを実行する意思決定が行われる段階のどちらかの段階で終わっているのである。構成単位，サブシステム，成員の行動を実際に変えるようなアイデアを現実に実行して行くことに沿って行われなければならないことは，考察されていないか，あるいはそれがイノベーションを"始動する"かどうかの決定に与える影響の程度に応じてのみ重要視されているに過ぎない。この種の研究の一例としてWalker (1969) によるものがある。合衆国におけるイノベーションの普及を研究するにあたり彼は，「全ての中でもっとも基本的な政策意思決定の1つである，始動段階でプログラムに着手するかどうか」ということに焦点を当てた (p.880)。州にとってそれを採用するのが新しいようなプログラムないしは政策としてイノベーションを定義する際に，あるプログラムもしくは政策が州議会によって法制化された時に"採用"が起こると考えた。しかし，彼によ

るオクラホマ州の次の事例が明らかに示すように，州における特定のプログラムあるいは政策の実行については考察されていないのである。「オクラホマ州議会は人権委員会を作ることで他の州と肩を並べたが，ひとたび委員会が設置されると，その業務遂行のために充てられた額はわずか2,500ドルだった」(p.882)。この人権委員会で起こったことはいずれもWalkerの研究の範疇外であった。イノベーションは特定の意思決定がなされれば"採用"されるのである。

　他方で，イノベーションが包含する変化を管理する実際のメカニズムである実行の段階は，他の別の分厚い文献の主題である。このケースでは，著者達は，始動が起きると，新しいアイデアが構成単位の権力機関によって正当化され，実行の意思決定がなされると仮定している。計画された変化や"慎重なイノベーション"(Bennis, 1966；Hronstein et al., 1971) に関する文献にみられるような，組織変革に関する文献の多くがこの範疇に当てはまる。イノベーションの普及に関する研究や，計画された，もしくは管理された変化に関する研究は，同じプロセスにおける異なる2つの段階に焦点を当てている傾向があるように思われる。Becker and Whisler (1967) が述べたように，「イノベーション（の普及）理論は，それが適切に開発された時，'管理された変化'の'理論'を補完することになるだろう」。

　ここ数年の間に，複数構成員の採用単位に関するイノベーションの研究にプロセス・アプローチを適用した理論のほとんどが，問題解決や意思決定の観点から"始動"の段階を概念化している。March and Simon (1958) は，その出発点として，個人レベルの問題解決として知られているものを取り上げ，そしてそれから，組織的な考察を導入している。Miller (1971) とUtterback (1971b) はいずれも製造業における"始動"の段階が一連の意思決定段階から構成されると考えている。Kelly and Thibaut (1969) は，特に小集団の問題解決に焦点を当て，Straus (1970) は家族について同じアプローチを採用した。Walker (1969) は合衆国におけるイノベーションの採用率と普及率に関するいくつかの疑問を解くために組織の意思決定の理論を適用した。同様に，Rogers and Shoemaker (1971) は，地域社会における意思決定プロセスおよび，この

プロセスを展開しながら個々人が遂行している役割について分析をしている。

図2-1と図2-2はイノベーション・プロセスに関する数あるモデルの中のいくつかを要約したものである。図2-1は個人志向で，よりミクロなモデルを要約したもので，Robertson（1961）とZaltman and Brooker（1971）のモデルによってほぼ完全に記述されている。図2-2は私たちのモデルによって示されるような組織モデルの要約である。図2-2における私たちのモデルで記述されているように，イノベーションのプロセスは，3つと2つのそれぞ

図2-1 イノベーション・プロセスの個人志向のモデルの要約

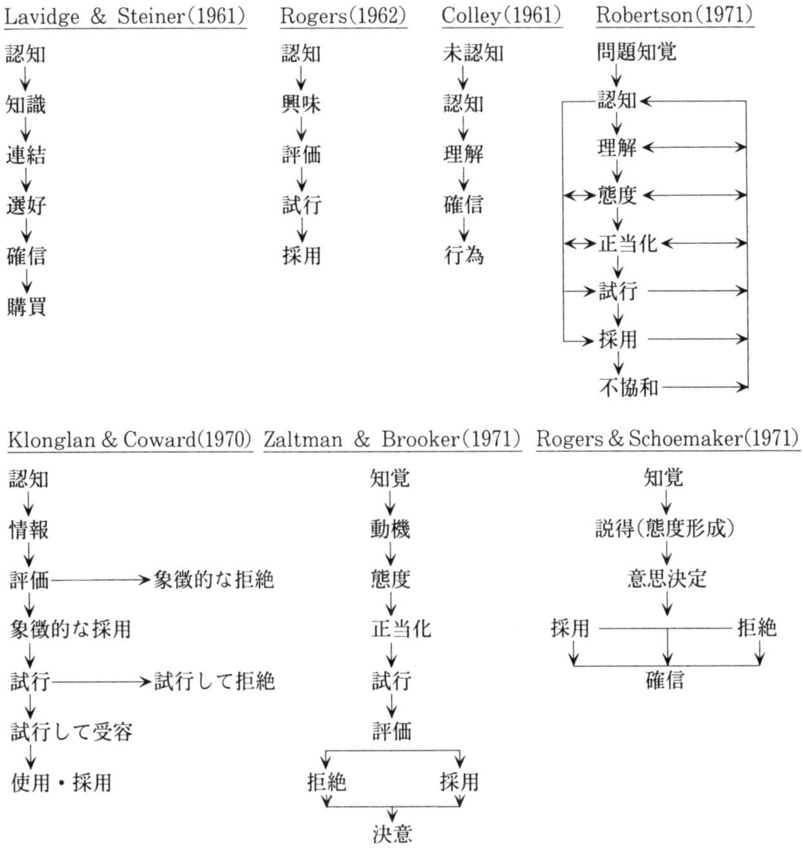

Lavidge & Steiner(1961)
認知
↓
知識
↓
連結
↓
選好
↓
確信
↓
購買

Rogers(1962)
認知
↓
興味
↓
評価
↓
試行
↓
採用

Colley(1961)
未認知
↓
認知
↓
理解
↓
確信
↓
行為

Robertson(1971)
問題知覚
↓
認知 ←
↓
理解 ←
↓
←→態度 ←
↓
←→正当化
↓
→試行
↓
→採用
↓
不協和 ―

Klonglan & Coward(1970)
認知
↓
情報
↓
評価 ――→ 象徴的な拒絶
↓
象徴的な採用
↓
試行 ――→ 試行して拒絶
↓
試行して受容
↓
使用・採用

Zaltman & Brooker(1971)
知覚
↓
動機
↓
態度
↓
正当化
↓
試行
↓
評価
↓
拒絶 採用
↓
決意

Rogers & Schoemaker(1971)
知覚
↓
説得（態度形成）
↓
意思決定
↓
採用 ―――― 拒絶
↓
確信

図2-2 イノベーション・プロセスの組織志向のモデルの要約

Milo (1971)	Shepard (1967, p.470)	Hage and Aiken (1970, p.113)
1．概念化	1．アイデア創出	1．評価
2．試験的採用	2．採用	2．始動
3．資源確保	3．実行	3．実行
4．実行		4．ルーティン化
5．制度化		

Wilson (1966)	Zaltman, Duncan and Holbek
1．変化の概念化	I．始動段階
2．変化の提起	1．知識-認知下位段階
3．採用と実行	2．イノベーション下位段階に向けた態度形成
	3．意思決定下位段階
	II．実行段階
	1．初期実行下位段階
	2．継続-持続的実行下位段階

れの下位段階を持つ2つの主要な段階から構成されているように示されている。

始動段階 (initiation stage)

知識-認知下位段階

イノベーションを「対象となっている採用単位によって新しいと知覚されたあらゆるアイデア，実践，物質的な人工物」と見るのであれば (Zaltman and Lin, 1971, pp.656-657)，イノベーションについて知識を得るということが始動の重要な最初の下位段階になる。このように，潜在的採用者は，どんなイノベーションでもそれが起こり，採用される前の段階で，そのイノベーションが存在し，組織においてイノベーションを利用する機会が存在していることを知っていなければならない。

ここで大きな問題になるのが，イノベーションの認知あるいは知識が最初に来て，その後にイノベーションを起こす（か生まれる）ことへの必要が生じてくるのか，それともその逆なのかということである。イノベーションを認知す

ることがそれを採用することへの必要を刺激するのだろうか,それとも組織が持っている特定の必要がそれらの潜在的イノベーションに関する認知をより増大させる結果を伴って,探索プロセスを増大させるのか。

Rogers and Shoemaker（1971）は,イノベーションの包括的分析において次のように結論づけた。

> ……調査研究は,必要に関する認知が先か,（ニーズを創造する）イノベーションに関する認知が先かというこの疑問に対する明快な答えを提供してはいない。新しい作物有害生物を取り扱う農薬のように,イノベーションに対する必要が先にくるものがある。しかしながら,他の新しいアイデアのために,イノベーションが必要を作り出すこともあるかもしれない。(p.106)

成果ギャップに関する私たちの最初の議論から,このニーズ対知識－認知問題への洞察が得られるかもしれない。組織の意思決定者が,満足のいく成果の基準（彼らがすべきこと）と彼らの実際の成果との間に不一致があると知覚すると,代替的な行動コースをより一層探索するようになる。このように探索が活発になることで,知覚力を高めることになり,その結果として採用される可能性のある新しいイノベーションを認知できるようになるのである。例えば,企業の競争地位の低下によって,企業は参入の可能性のある製品領域を一層探索するようになるかもしれない。このように探索が増えることで,組織は検討の可能性のある製品イノベーションに接触できるようになるのである。

他方,それが組織内的なものか,外部環境との関係に関するものかのどちらかにおいて,組織の機能を明らかに改善するようなイノベーションが認知されると,意思決定者が抱いている準拠枠組みが変化するかもしれないのである。このことが成果ギャップの知覚を導くことになる。すなわち,認知しなければ,ギャップは存在しなかったのである。例えば,ある組織のデータ処理部門は自らが持つ成果基準と組織内のユーザーからのフィードバックを基にして,自らの能力と行為成果は非常に優れていることを確信しているかもしれない。しか

し，その部門の従業員をデータ処理年次代表者集会に派遣すると，彼らは自らの能力を劇的に改善させる新しい機器とソフトウェアを認識するようになるかもしれない。このように，データ処理部門の人員が，自分たちのすべきことに関する彼らの期待を変化させるということにおいて，イノベーションを知覚することが成果ギャップに繋がり得るのである。

イノベーションの下位段階に向けての態度形成

この下位段階において，組織の構成員はイノベーションに対する態度を形成する (Zaltman and Brooker, 1971 ; Rogers and Shoemaker, 1971)。ひとたび探索が生じ，変革へのモチベーションが生じると，組織の構成員がイノベーションに対して持っている態度が重要になる。組織の構成員がイノベーションに対して示す少なくとも2つの重要な態度次元がある (Duncan, 1972b)。第1に，**イノベーションに対する開放度** (openness to the innovation) である。イノベーションに対する開放度の重要な構成要素は，(1)組織の構成員が進んでイノベーションを考えるかどうか，(2)彼らがイノベーションに対して懐疑的かどうか，(3)彼らが，そのイノベーションが組織のその機能の遂行の方法を改善すると感じているかどうか，の3つである。第2の重要な態度 (attitudinal ; 個人的な意見に基づく) 次元は，**イノベーションの潜在力** (potential for innovation) に対する組織の構成員の知覚である。この態度次元は組織の構成員が，以下のことを知覚しているかどうかに焦点を当てている。それは，(1)そのイノベーションを活用することに対して，組織内に何らかの融和性が存在している，(2)組織が過去にイノベーションの活用に成功している，(3)イノベーションのための職務，および実行に移されるにつれて生じる潜在的ないくつかの問題を取り扱うことに対して，組織構成員の側が何らかのコミットメントを持っているということの3つである。

イノベーション・プロセスに態度が与える影響を考える際に，公式組織が求める公式行動を考察する必要がある[2]。(a)「個人のイノベーションに対する態度と意思決定単位が要請する公式行動 (採用か拒絶か) との間に不一致があ

表2-1 イノベーションに対する個人の態度と組織が求める
公式的行動を基にした4つの協和-不協和タイプ

イノベーションに対するメンバーの態度	公式組織によって求められる公式行動	
	拒絶	採用
好ましくない	Ⅰ 協和拒絶者 ←	Ⅱ 不協和採用者
	↑	↓
好ましい	Ⅲ 不協和拒絶者 →	Ⅳ 協和採用者

原典：Knowson（1965, p.53）より許可を得て掲載。表の中の矢印が協和への圧力を示していることに注意されたい。
出所：Rogers and Shoemaker, 1971, p.31.

る」時（Rogers and Shoemaker, 1971, p.31），イノベーション不協和（Festinger, 1957を参照）が起こるのである。表2-1から，2種類のイノベーション不協和を見てとれる。組織に対する個人の態度は好ましくないが，その組織は明白に採用することを求めているところに不協和的採用者（dissonant adopter）がいる。そのイノベーションに対する個人の態度は好ましいが，組織がそのイノベーションの公式的な拒絶を求めているところに不協和採用者がいるのである（Rogers and Shoemaker, 1971, p.31）。Rogers and Shoemaker（1971）は，時間がたつにつれて，以下のことによってこの不協和が減少してくると論じている。

……(1)個人が，組織が求めている行動と不変的に調和させようと自らの態度を変えようとする，あるいは(2)組織の行動を彼らの態度に調和させるために，イノベーションの採用を止め，誤用したり，採用の命令を回避しようとしたりする（Rogers and Shoemaker, 1971, p.31）。

健康組織（health organizations）におけるMohr（1969）の研究はまた，他の変数を排除する際に，イノベーションに対する態度の役割が過度に強調されるべきでないことを示している。彼は，イノベーションを行おうとする意思がイノベーションを導くのは，関与している個人がイノベーションに積極的なだけ

でなく，強く駆り立てられている時や，イノベーションに必要な資源が入手できる時のみであると指摘している (Mohr, 1969, p.117)。Mohrは，29の衛生局におけるイノベーションを研究し，「資源が豊富な時の……保健職員のモチベーションの高まりは……資源が貧弱な時と比較して，イノベーションに対して4.5倍もの効果があることを発見した」(Mohr, 1969, p.124)。そこでMohrは，イノベーションの予測をする際には，イノベーションを行おうとするモチベーションに関する変数と資源の入手可能性に関する変数との間の相互作用を考察する必要があると，結論づけた (Mohr, 1969, p.124)。

意思決定下位段階

この下位段階では，潜在的イノベーションに関する情報が評価される。もし組織の意思決定者がイノベーションを行うことへのモチベーションが高かったり，あるいはイノベーションに対する態度が好ましかったりすると，イノベーションを実行することへの態度は好ましい可能性がある。他方，イノベーションを行うことへのモチベーションがそれ程高くなかったり，あるいはイノベーションに対する態度が好ましくなかったりすると，イノベーションは実行されない可能性が高まる。

イノベーション・プロセスのこの時点では，組織は多くの情報を処理しなくてはならない。それゆえに，組織は効果的なコミュニケーションのチャネルを持つ必要がある。第3章で，私たちはイノベーション・プロセスに影響を与える組織の特徴について論じる。特に，組織の情報収集および処理能力に影響を与える要因に焦点を当てる。

実行段階 (implementation stage)

イノベーション・プロセスの第2の中心的段階は，組織の構成員が職務を遂行する際の彼らによるイノベーションの実際の活用に関連するのである。実行には2つの下位段階がある。

初期実行下位段階

この下位段階では,組織は特定のイノベーションを活用する最初の試みをする。例えば,組織は,経営科学の技法を実施してみようと決めた後,専門の部門の設立にコミットする前に,それらが実践的かどうかを判断するために,試行という形でそれを実行することがよくある。このように,この下位段階は採用の可能性に関するいく度かの試行を含むのである (Beans, 1972 ; Radnor et al., 1968 ; Radnor et al., 1970を参照)。

継続－持続的実行下位段階

もし組織構成員が初期の実行の意味を理解し,実行に関する情報を有し,深刻な問題はほとんど経験しないような状況で,初期の実行が成功裏に終わったならば (Achilladelis et al., 1971),イノベーションが引き続き実行される可能性が一層高まるであろう。

多くの理論家は"始動"段階における下位局面の理路 (sequence) に関して一致している (図 2 - 1 を参照) にもかかわらず,"実行"段階でのより特定化された概念化に関する文献においては,それほど同意してはいないのである。理論家は時間的な流れの中で起こり得ると考えられる下位局面についてまったく詳述せずに,単に"現実化 (realization)"とか"新しいアイデアの実行 (execution of new idea)"とかいった言葉で語っていることがよくある。ここでの例外は,イノベーションの実行に対するいくつかのアプローチを開発した管理的,計画的な変化に関する何人かの介入理論家 (intervention theorists) と実務家である (Schein, 1969 ; Lippitt, Watson and Westley, 1958 ; Beckhard, 1969)。これらアプローチの中で,特定の行動や課業によって,通常定義される局面の順序が提起されている。図 2 - 3 で何人かの理論家が明記した,チェンジ・エージェントとなる介入主義者のいくつかの課業が要約されている。

しかし,こうした理路に伴う問題として,これらがほとんど理論的なベースがなく,ケース・スタディによって開発されたという点が挙げられる。洞察の豊富さにも拘わらず,それらを一般に複数メンバーの採用単位に対して適用す

図2-3　変革理論家によって特定化された
チェンジ・エージェント-介入主義者の課業

Lippitt et al. (1958, pp.91-125)	Argyris (1970, pp.16-31)	Beckhard (1959, pp.15-19)	Kahneman and Schild (1966, p.73)
1. 問題の診断	1. クライアントのシステム内の適切な情報の創出	1. クライアント・システムによる初期の接触	1. 変革すべきは誰の行動なのかを確定する
2. 変化に対するクライアント・システムの動機と能力の評価	2. 組織の業務における組織メンバーの側の自由で十分に情報を有した選択の創出	2. 問題の定義と関係の確立	2. 抵抗あるいは変革プロセスで役割を果たしそうなのはどの集団あるいは個人なのかを判断する
3. エージェントの動機と資源の評価	3. クライアント・システムのメンバーが変革プロセスへの内的なコミットメントを作り出すことの支援	3. 最初の行為段階の計画	3. 個々のキーパーソンにとって,彼らの変革に対する反応を決める要因は何かを確定する
4. 適切な変革目的の選択		4. 効果の評価	4. 変革の対象となるシステムにおける個人的な影響の構造を確定する
5. 適切な支援の役割の選択		5. 関係の再計画と再構築	5. システム内の個々人にとって抵抗の要因を減らし,変革への要因を増大させるものは何かを確定する
6. クライアント・システムとの関係の確立と維持			6. 変革が十分な時間とコスト以内で獲得されるかどうかの再評価
7. 変革の局面の認識と方向づけ			
8. 適切な特定技術と行動モードの選択			

ることは容易ではない。特別な複数メンバー単位のケース・スタディでは個々の単位のユニークさとその構成員がイノベーションを取り扱う特定の方法を重視する傾向がある。しかし,単位間で比較をするには,"ユニーク"なデータを取り扱うのに十分なほどシンプルであると同時に,研究仮説の公式化における支援を行うのに十分な詳細な概念的アプローチの開発が求められる。"始動"段階の問題解決アプローチは,この要件をうまく満たしてしているように見える。しかし,"実行"段階に関しては,個人に焦点を当てた特定のアプローチの中でさえも多数の取りうる"戦略"が存在する(訓練グループ,集団意思決定など)という事実によって問題がより複雑化している(Beckhard, 1969を参照)。Schein(1969)は,プロセス診断の視点のポイントから介入(interventions)を論じることで,多数の取りうる戦略の中から選択することの難しさを指摘した論者と同じ結論に辿りついている。

　……いかなる所与のプロジェクトにおいても,用いられる介入や特定の順序のための特別なレシピを明記することは困難である。企業Aでうまく働いている理路(sequence)は企業Bではまったくうまく機能しないというのも尤

もなことである。代わりに，コンサルタントは機会が生じ，ある行動を採ることが適切であるという判断をしたならば，さまざまな方法で介入する準備をしておかなければならない（Schein, 1969, p.122）。

現状の介入理論の技法では"実行"の段階では局面を明確に順序立てることはできない。なぜなら，そうした順序は選択した戦略によってさまざまであるし，戦略を選択する客観的なルールはほとんど存在しないからである[3]。

"実行"の主要段階を通じた法則に従った理路（sequences）のための提案が多数存在している。もしそうだとしても，上記の理由から，一般に複数メンバーの採用単位に応用できるものは殆どない。Schein（1969）の"行動計画"，"行動段階"，"結果の評価"の3ステップの順序は，比較の目的のためにはあまりにも包括的すぎるように思われる。同じような異論がこの論文で選択された，"初期実行（initial implementation）"と"継続的実行（continued implementation）"の2ステップの理路に対しても言うことができる。しかし，第3章で示されるように，さまざまな変数がこれら2つの段階にとって重要であると思われる。

図2－2の理路は期待されたものであるかもしれないが，事象の必然的で普遍的な順序としてあらわされるものとは程遠いのである。問題状況の発生と解決策（イノベーション）の実行といった形で"始まり（beginning）"と"終わり（end）"がイノベーション・プロセスに割り当てられている。これは分析上の目的のためになされているものである。しかし，そのプロセスの個々の解決策ないしは結果が注意を必要とする新しい問題形式（認知）において，採用単位へと"フィードバック"されるという点において，そのイノベーション・プロセスはおそらく，"循環的"である。例えば，組織が実行段階に移行し，稼働中の業務にイノベーションを統合し始めるにつれて，それはイノベーションに対する知識や認知を増大させる。組織が実際にイノベーションの活用を試みて初めて，その効果がすべて解ってくるものなのかもしれない。この時点で，予測できない問題がいくつか生じてくるのである。

イノベーション・プロセスの統制

フィードバックとイノベーション

　Schein（1970）の適応的対処サイクル（adaptive-coping cycle）では，組織がどのようにして内部および外部環境に適応していくのかを説明するのに，フィードバックの重要性が強調されている。持に，適応的対処サイクルは次の6つの段階からなる。

1．内部環境あるいは外部環境の中のある部分における変化を感じ取る。
2．変化に関連する情報を，それが行動の基盤になり得るような組織内の複数部門に変換して移入する。
3．獲得した情報に従って組織内の生産あるいは対話のプロセスを変える。
4．望ましくない副産物（望ましい変化から結果的に生じてしまう関連するシステムにおける望ましくない変化）を抑制もしくは，管理する一方で，内的変化を安定化させる。
5．当初知覚していた環境における変化により調和している，新しい製品・サービス等を広める。
6．外部環境の状態と内部環境の統合の程度をより深く感じ取ることを通じて変化の成功に関するフィードバックを得る。(Schein, 1970, p.120)

　これら6段階は，図2－2における私たちのイノベーション・プロセスのモデルの中で示されたものとある程度比較可能である。Scheinのサイクルにおける最初の2段階は始動に該当し，残りの4段階は実行に関連する（2段階と3段階の間で明らかに意思決定がなされる）。Scheinの"適応的対処サイクル"の最後の段階は変革の成功に関するフィードバックの獲得に関わっている。これによってプロセスの"循環（circularity）"が創り出されることになる。しかし，現在の議論では，フィードバックはそれ自体1つの段階として取り扱われてい

ない。むしろ，多くの組織では，フィードバックは図2－2で明記された複数の下位段階でよく発生しているのである。プロセス全体だけでなく，より小さな下位プロセスに対しても"循環"が作られているのである。フィードバックは，プロセスの実際の成果の方向を示し，統制するという目的を提供しており，イノベーション・プロセスの統制に関連した次節で取り上げられる。

　問題解決の下位段階を構成している最初の主要な始動段階は，反復的なプロセスである。このことは，意思決定者あるいは意思決定集団は前の下位段階に戻り，新しい回（round）で次の段階に進むことを意味しているのである。前の段階に戻るためのこのフィードバックに要する時間の長さは，時間と入手可能な資源，考慮すべき問題のタイプ，期待される解決策の根本性と品質に依存するのである。

　時間が少なく資源が乏しい時，意思決定はより迅速になる。例えば，危機的な状況では，到達すべき問題解決あるいはイノベーションが組織にとって何かしら有益であるのならば，始動段階を通過する率は高くなるに違いない。Herman (1963) は，組織における危機の研究の中で，危機が増大するにつれて，情報収集と伝播に利用されるコミュニケーション経路の数が減少することを指摘した。このことは組織にとっては逆効果にもなり得る。なぜなら，意思決定者はこの時，イノベーションを促進させる代替的な行動コースについての情報を少ししか持っていないからである。

　その一方で，もし深刻な行動上のあるいは技術上の問題が実行の第2の主要な段階で生じることが**予期**されるのなら，始動の最初の主要段階でのフィードバック返還と，それに伴う問題解決におけるスピードの減速が生じるかもしれない。例えば，新たな方向づけのイノベーションを導入することが必要と思われる状況では（不確定な状況では），解決策の根本性が高いゆえに，意思決定者は新しく出現する問題を予測することにより慎重になるように思われる。そして，それにより彼は，最終的な決定が行われる前に，前段階に対してフィードバック返還の好ましい決定下位段階を通じた順序づけをするのが遅くなってしまうのである。

一般に，始動段階の間に実際の意思決定の成果を（フィードバックによって）統制することには，重要な2つの側面をもった目的がある。1つ目は，この段階での意識的な統制は，実行の次の主要な段階での期待された成果を統制するのに用いられ得る手段の特定化を可能にすることである。2つ目は，意思決定プロセスが進展するにつれて，注意深い考慮が**実際の**実行成果を統制するのに用いられる機能的なフィードバック・メカニズムの創造を可能にすることである。フィードバック情報によって実際の実行と行動の変化が方向づけられ，新しいイノベーションと変化に対するニーズが示されることもある。

　注意深くなされたイノベーションの決定は，実行に含まれると予期される問題の見地に到達する。しかし，前もってあらゆる実行問題を回避できる意思決定をすることはほとんど不可能である。根本的な解決策をもたらすイノベーションのケースでは，常にいくつかの新たな問題が生じ，その中には完全に予測することは不可能なものもある。予測可能な問題と予測不可能な問題の両方を扱うには，いつどこで問題が生じるのかについての情報を提供するフィードバック・メカニズムを適用することが重要であり，確かに必要である。この情報はさらに，起こり得る問題が組織全体に対してもたらす可能性のある結果の点から解釈されなければならない。Mann (1957) によると，変化のための基礎としての調査結果のフィードバックが良い例である。このプロセスでは組織の問題に関連する体系的なデータ収集が含まれている。一度データが集められると，変化のための計画を遂行する組織の関連単位にフィードバックされるのである。

　起こりつつある問題の中には，組織にとって明らかに逆機能的であるという意味で非常に深刻な問題もある。このことが意味するのは，目指す革新的な問題解決にはもともと逆機能性を有しているということであり，それは程度の差こそあれ，新しい問題解決策を求めて，革新的な状況として現れるのである。始動プロセスにおける最初の下位段階は問題点（issue）の知覚であり，それは，イノベーションの実行ゆえに起る問題は，（革新的な）問題解決に繋がる問題として**知覚され**なければならないことを意味している。課題の知覚は外的な刺激か内的な刺激のどちらかから生じる。したがって，2種類のフィードバック

2. イノベーションのプロセス

が識別される。それぞれが外部から発生する情報と内部から発生する情報を提供することになる。

Katz and Kahn (1966) は, ほとんどの組織は外部環境からのフィードバック, すなわち**外的**に生み出されたフィードバックを有していると指摘している。これは最初の段階, いわば $T-1$ の段階で組織にイノベーションの採用を引き起こさせる状況と本質的に類似した状況である。次の段階, つまり $T-2$ の段階で, イノベーションが成功したかどうかを評価するためにフィードバックが環境から得られるかもしれない。このフィードバックは顧客か市場による, その組織の製品の受容から成るのである (Katz and Kahn, 1966, p.416)。

多くの組織はまた, それら自らの内的機能からのフィードバック, すなわち, **内的**に発生したフィードバックを獲得しているのである。この場合について, Katz and Kahn (1966) は内部職能の技術的側面に関係するフィードバックと人的(社会的)な側面に関係するフィードバックとを識別した。これら2つの内的に生み出されるフィードバックのタイプは, "下位システム"という今日も用いられている概念の観点からすると, 技術的下位システムと社会的下位システムにそれぞれ言及している。

発生するフィードバックにはさまざまなタイプがある。Stufflebaum (1967, pp.129-131) は, 教育システムにおける変化の評価を議論した際に, 複数のタイプの評価ないしはフィードバックのプロセスに注目した。**文脈**の評価あるいはフィードバックは, 満たされていないニーズや問題の根本原因を判断するために継続的にシステムを監視することを含んでいる。**インプット**の評価もしくはフィードバックは, システム外の個人や組織によって提起されるシステムのニーズを多少なりとも解決するための可能な解決策あるいは代替案の評価をすることに関係している。一度, あるイノベーションが選択されると, イノベーションが期待通りに働いているかどうかを判断し, 必要とされるあらゆる改善策を明らかにするために, **プロセス**の評価またはフィードバックが成される。**製品**の評価ないしはフィードバックは, そのシステムのニーズを満たすことにおいてイノベーションの全体的な品質と有効性を測定することに焦点を当てて

いる。

　組織がその内部の職能に関する技術的側面あるいは社会的側面に関係した情報を生み出しているかどうかは，考察対象の組織のタイプによってさまざまである。自主的（voluntary）組織は社会的側面に関するフィードバックを重視することが多いが，経済組織は内部職能の技術的な側面にしばしば主として関心を持つ。内的に生み出される情報の源泉として，このように特定の下位システムを重視することは，他のサブシステムからのフィードバックが，問題が深刻化した時にしか典型的に組織の上層部に届かないという点で，組織にとって不幸な結果になることがしばしばある。社会技術的アプローチが主張するところによれば，組織の職能における社会的側面に関する問題は技術的側面の中にも頻繁に現れるというが，技術的な欠点は，社会的システムが確立し，関連する情報が解釈されてはじめて，適切に説明され，取り扱われるのである。同様に，社会システムに関係して新しく出てきた欠点は技術的システムからのフィードバックを必要とすることがある。

イノベーションにおけるフィードバック・プロセスの例

　実行に伴う問題を前もって予測すること，特に内的に生み出されるフィードバック情報を獲得することの重要性を強調した典型的な事例が，Gross et al. (1971) によって提示されている。彼ら著者たちは，小学校での教育のイノベーションの失敗を研究していく中で，意思決定者（学校長）によって用いられた戦略に2つの根本的な欠点があったことを明らかにした。第1に，この戦略は，「その実行を試みる際に教師たちが直面しそうなさまざまなタイプの困難を明らかにし，その解決の扉を開くことができなかった」(p.194)。言い換えれば，イノベーションの意思決定は最も起こり得る可能性の高い実行に関わる問題の観点からなされていなかったのである。もし潜在的な実行問題が始動段階で予測されていれば，イノベーションを実行する前に対策が立てられ，起こり得る問題および困難が与える影響を事前に取り除くか，少なくとも最小限にすることができたと考えられよう。

2. イノベーションのプロセス 77

　明らかにされた第2の欠点は，意思決定者の戦略が「……その意図を実行に移す間に生じる障壁を明らかにするフィードバックのメカニズムを確立し，活用することが出来なかった」点にある（Gross et al., 1971, p.184）。この"障壁（barriers）"とは，組織構成員（教師）がイノベーションを遂行しようとした時に実際に直面する数多くの障害を意味している。次のような障壁が明らかにされた。新しい役割遂行についての明確さの不足，スキルや知識の不足，必要とされる物財や設備の入手困難さ，そして信頼できる組織的な調整の利用不可能性である。最初の2つは組織内の個人や下位単位の特性を表す障壁として分類できるが，最後のものは単位としての組織を特徴づける障壁である[4]。潜在的な実行問題が始動段階で予測できなかったとしても，フィードバックのメカニズムが意思決定者にとっての障壁を明らかにし，そのインパクトを最小限にするのに必要な情報を彼に対して提供してくれたはずである。しかしながら，Gross et al. によって報告されたケースには，フィードバックのメカニズムが作られていなかった。

　　……教職員会議などのように教師が管理者に自分が抱える問題について伝達する機会が十分に提供されていなかった時でさえも，管理者は，教師が率直に話をしに自分のところを訪れ，それを許容するような雰囲気を作ることをしていなかった (p.210)。

　学校の管理者は，変化への取り組みの期間に起こり得る問題を予測することの重要性を認識していなかったし，直面する問題が公表され，聞き入れられることを保証し得るフィードバックのメカニズムを作り出すこともしていなかった。Gross et al. によれば，これら2つの戦略の欠点が生じた主な理由は，組織成員グループの間で最初はイノベーションに対して好意的な態度を有していたにも拘わらず，教師たちによって，実行が阻まれたことであった。
　Gross et al.（1971）が考察したフィードバックの欠如は内的に生み出されるタイプのものである。研究対象の組織は学校だったので，外的に生み出され

るフィードバックは，生徒の親たちから得られる言動および情報に置き換えて考えられる。さらに，もしそのイノベーションが成功していたら，より長期的に見れば，子供の熟達度の評価を通じて，学校を取り巻く他の組織により，フィードバックが外的に生み出されたであろう。

イノベーション・プロセスとフィードバックの本質

一般に，フィードバックのメカニズムの創造は新たに発生する実行上の問題を適切に取り扱うための前提ではあるが，それ自体は，そうした操作性を保障する"安全装置（safeguard）"ではない。フィードバック・メカニズムが提供する情報が有益になるように解釈がなされなければならないのである。しかし，Elbing (1970) が注目したように，入ってくる情報の意味が明確になるのは，その文脈が明確な形で構造化されている時のみである。それゆえに，イノベーションを実行するためには，明示的な問題提起と明示的な解決の計画を公式化することが最も重要である。イノベーション・プロセスのあらゆる下位局面において明瞭さがあることは，フィードバック評価のための明確な基盤を提供するのに不可欠である。

明示的な問題提示と解決計画の公式化は，当初に考慮され実行されたイノベーションに関してのみ行われる課業ではない。実行の段階ではみな何かしらの形で問題状況が変化するので，反応があった当初の問題状況と時間的にその後の問題状況とを区別することが極めて重要である。例えば，ある組織は競争圧力に対処するために製品イノベーションを行う必要があるかもしれない（当初の問題認識）。しかし，製品イノベーションが開発され，それが実行に移され，その組織が生産体制に入ると，操作技術上の問題を経験する時にまた，新たな問題状況が生じる。このように，追加的な操作技術上のイノベーションを要求するかもしれない実行段階において，新しいイノベーション状況が経験されるのである。問題状況は単なる新製品イノベーションの開発から当初の問題状況を明らかに容易にする操作技術上のイノベーションの1つに変わっていくのである。このように，実行段階で経験した操作技術上の問題は当初の製品イノベー

ションを再定義することになるかもしれないのである。

　イノベーションがもたらす解決策がより根本的になればなるほど，実行プロセスでより多くの問題が生じることになると考えられる。それに伴い，イノベーションがもたらす解決策が根本的であればあるほど，これら今後起こり得る問題を明らかにし，それを効果的に取り扱うためのフィードバックのメカニズムを創造することが一層重要になるのである。問題はどんな時にも生じるので，フィードバック情報の評価はむしろ頻繁に行われなければならない。Elbing (1970) は，実行主要段階の間の個々の段階は「それぞれその前の段階からのフィードバックあるいは反応を結合した評価を基礎にして」遂行されるべきであることを強調している (p.317)。ここで適用されている実行の2つの下位局面からすると，このことが意味しているのは，"初期の実行（下位局面）"の後，"下位システム"と行動変化に関する示唆（implications）は，"継続的で持続的な（continued/sustained）"実行（下位局面5）を遂行する方法を決定するために評価されるべきであるということである。しかし，明確で，明瞭な方法で構築されたフィードバック評価のための基盤を提供するためには，これら2つの実行の包括的な下位局面が個々の特定のイノベーションのためのより詳細な段階に分解されなければならない。

革新的な意思決定の種類

　イノベーション類型の中心的局面は，イノベーションが組織における特定の変革（change）を必要とする度合いである。考察される変革は常に実行の決定が行われた後のもののみである。すなわち，変革はイノベーション・プロセスの第2の主段階で起こっている。しかし，このことは変革のタイプや根本的性質は実行段階においてのみ重要であるということを意味するわけではない。始動段階のさまざまな下位局面を通じた序列（sequencing）の割合は，実行することで予測される結果と行われるイノベーション意思決定のタイプに大部分は依存している。

表2－2　権威的なイノベーション意思決定と集団的意思決定の段階

権威的なイノベーション 意思決定	集団的なイノベーション 意思決定
1．知識	1．刺激
2．説得	2．始動
3．意思決定	3．正当化
4．コミュニケーション	4．意思決定
5．行為	5．行為

出所：Rogers and Shoemaker, 1971, p.306.

　組織におけるイノベーション意思決定を大雑把に2つに分けると，以下のものが考えられる。それは，(1)権威的意思決定，と(2)集団的意思決定（表2－2）である。ここで見られる類型の基礎となっているのは，組織単位の構成員が始動の主要段階のさまざまな下位局面に参加することができる程度である。（参加的な管理なき）権威的意思決定は個人かもしくは"実力者連合（dominant coalition）"と呼ばれる小集団によってしばしば行われるが（Thompson, 1967），集団的意思決定は採用単位の構成員全員あるいはその大部分によって行われる。このことは，集団的意思決定においては，始動段階における意思決定下位段階で政治的なプロセスが働いているということを意味する。ここでの（実行の意思決定を含む）代替案の選択は，ある代替案の承認の獲得という問題であり，そこではコンフリクトと駆け引き交渉（bargaining）の政治的プロセスを伴うことになる（Wilson, 1966）。一方，権威的意思決定では，主に実行の段階でコンフリクトが起こり，変革への抵抗が生じることも多々ある。実力者連合では言えることだが，営利組織では集団的意思決定が行われることが多いことに注目することは重要である。しかしながら，組織全体あるいはその構成員の大部分の視点からみると，この意思決定は，組織階層の上部から提出され統制されているという点で，権威的意思決定なのである。

権威的意思決定

　このように，権威的意思決定においては，イノベーション意思決定は卓越し

たパワーを有する地位にあるものによって採用単位の構成員に押しつけられるのである (Rogers and Shoemaker, 1971)。権威的意思決定を2つのタイプに区別することは有益であり，確かに重要であるように思われる。それらの両方共が採用単位の他のタイプにおいてよりも，公式的組織（およびいくつかの小集団）において，より一般的である。それらは，(a)構成員の参加を伴う権威的意思決定（参加型アプローチ），(b)構成員の参加のない権威的意思決定（官憲型 (authoritative) アプローチ）の2つである。官憲型アプローチの例は，製造の現場主任の側が自分の部下に新しい組み立てプロセスを使用し始めるように要求する一方向的な意思決定があげられる。参加型のアプローチでは現場主任が新しい組み立てプロセスの実施方法についての意思決定に彼の部下を関わらせるものである。この手続きによって変革への抵抗を減らすことができることもある。また参加型アプローチでは，パワー（権力）がより広範に分け与えられている。イノベーション実行の意思決定は最終的にはパワーのある地位にいる者によってなされるが，その変化によって影響を受ける人々と相談をしながら行われるのである。

　権威者による意思決定は通常効率的だと見なされるが，それは，始動段階での下位局面を通じた序列，および実行の意思決定が相対的に短期間で成し得るからである。特に構成員の参加なき権威的意思決定に関して，多くの研究者がこの点を指摘している。例えば，Rogers and Shoemaker (1971) は，「（実行の決定までとそれを含む）採用率は参加型アプローチよりも権威的アプローチのほうが迅速である」との仮説を立てている (p.314)。しかし，この仮説はそれのみで考えるべきではない。彼らは，さらに次のことを強調している。「権威的（官憲型）アプローチによってもたらされる変革は参加型アプローチによってもたらされる変革と比べて中断してしまう可能性が高い」(p.314)。それゆえ，多くの組織が参加型アプローチを導入する主な理由は，その方が実行の成功率を高められると考えられるからである。根本的な仮定は，構成員が意思決定に関与できればできるほど，その時，これら意思決定に伴って生じる変化を熱心に実行し，変革への抵抗を減らすであろうということである (Coch and French,

1948 ; Marrow and Bowers and Seashore, 1967 ; Watson, 1971)。参加型アプローチが採用される理由は他にもある。それは，新しいアイデア（イノベーション）が提案される数が増え（Maier, 1970），組織の情報収集および処理能力が増大する（Duncan, 1973）ということである。

Wilson (1966) による指摘では，参加型アプローチが実行を促進したり，新しいアイデアの提案を刺激させる度合いは次のことに依存するとされている。

……＜それは＞意思決定集団がそれ自体インセンティブの高度に価値を付与された源泉になる程度，そしてこれら集団ベースのインセンティブがより大規模に組織によって提供されるインセンティブに一致している程度＜である＞ (p.212)。

このことが意味するのは，参加型アプローチがイノベーションを促進させるのは，組織の構成員が自らの努力と引き換えに得られるいくらかのベネフィットと報酬を感じている時のみであるということである。

集団的意思決定

集団的意思決定においては，通常複数メンバーから成る採用単位の構成員がある種の議決権と投票権を持っていて，それによってイノベーションが実行されるかどうかが決定される。集団的意思決定の事例は，ほとんどが自発的な組織において行われるもので，多かれ少なかれ地域社会で議論になる課題に関して行われるものである。Rogers and Shoemaker (1971) は，集団的意思決定を，社会システムの中の個人がコンセンサスによって採否を決定し，システムの決定にすべての人が従わなければならないものと定義している。Schein (1969) は，小集団における意思決定について議論した際に，多数決ルールによる意思決定は，その意思決定をした集団によってさえも，実行されないことが"驚くほど多い"ということに注目している。彼は，実行の問題に繋がりそうな2つの心理的障壁を指摘した。

(1) 少数派の構成員は，自らの見解を理解させることができるだけの十分な議論の時間がなかったと感じていることがよくある。それゆえに，彼は誤解を受けていると感じたり，憤慨していたりすることもある。
(2) 少数派の構成員は，投票によって集団の中に2つの陣営を生み出し，これらの陣営がその次に勝つか負けるかの競争を行い，彼の陣営は最初のラウンドでは破れてしまったが，再び集団を形成し直し，支持を獲得し，来る次の投票では勝つのは時間の問題であると感じていることが間々ある (p.56)。

Schein (1969, p.56) は，むしろコンセンサスによる意思決定の方がより効果的であると提案している。そこでは，参加者が個々の構成員が意思決定プロセスに影響を与える公正なチャンスを有していると感じているようなコミュニケーション・プロセスとグループの風土があると信じている。そこではある決定に関する公式的な投票はないが，むしろ誰かが「'その会議の意向 (sense of the meeting)' を試すことがある。…ほとんどの構成員が賛成する明確な代替案があるか，もしそれに反対している人でも，自分たちに影響を与える可能性があると感じているのなら，コンセンサスは存在するのである」(p.56)。

Sanders (1961) は，水道水へのフッ素注入のイノベーションに関する地域社会の論争を研究し，実行段階において，敗れた側がこの問題が解決したと考えていることもあれば，そんなことはないと考えていることもあることを見出した。もし問題が解決していないと考えていたならば，相互に排他的でない2つのタイプの活動が生じると思われる。それは，(a)うまく実行するためにその行動を変えてもらう必要のある個人や集団からの抵抗ゆえに，実行が遅れをきたす；(b)敗れた側は課題をコミュニティの長に再度突きつけ，始動段階の局面が2度，3度繰り返されることになる，というものである。事項(a)は，権威的意思決定の次に来る実行段階に共通してみられるが，事項(b)は集団的意思決定が行われた後に頻繁に生じる活動である。どちらの事項 (point) とも実行の成功率を下げることになる活動である。

本書の残りの部分では，権威的意思決定と集団的意思決定との区別について

の明示的な言及はほとんどしていない。本書は公式組織の方向づけ，すなわち権威的意思決定に'偏り(bias)'があるので，権威的意思決定よりも集団的意思決定が行われる場合，"段階と変数の相互作用"の観点から，それがどのような違いを生み出すのかを以下で手短に示しておくことにする。

政治的プロセスは特別な利害のある連合体の形成を当然伴うものでる。Harvey and Mills (1970) による革新的状況－革新的な解決の順序からなるモデルでは，そうした連合体の形成は主に実行段階で起こるとしている。このことは，これら2人の論者によるモデルは基本的に権威的意思決定が行われているイノベーション・プロセスの逐次的 (sequential) モデルであることを意味している。本項の最初のパラグラフで述べたように，権威的意思決定よりも集団的意思決定が行われる場合，政治的プロセスは始動段階の後半の下位局面の間に激しくなる（より大きな採用単位での権威的意思決定をする実力者連合におけるコンフリクトや駆け引き交渉は考慮に入れていない）。それゆえ，集団的意思決定では，特別な利害のある連合体（変化に対する抵抗を含む）が始動段階の後半の下位局面で形成される。また権威的意思決定では，上意下達のコミュニケーションを伴うのが通常だが，集団的意思決定では，始動後，水平的なコミュニケーションと下意上達のコミュニケーションの両方が採用される。Sanders (1961) は，地域社会における水道水へのフッ素注入に対する反対の最初の兆候は，公式的な提案がタウンミーティングに先だって示された後に常に生じていたことを発見した。一方，（参加なき）権威的意思決定についての情報は実行が始まるまで大部分の構成員にはほとんど入手不可能なので，この事例での連合体は，相対的に言って，時間的に後の方で形成される。

Cooke (1972) は，集団的意思決定の構造が地域社会あるいは自発的組織におけるのと公式的組織におけるのとでは同じように一般的ではないこと強調している。公式組織における集団的意思決定はまた，権威構造と調和しながら進めていかなくてはならないことになっている。権威構造は集団的意思決定の手続きに影響を与える。集団的なイノベーションの意思決定は，組織内の権威の公式的階層によって再検討され，そして正当化されるからである。

集団的意思決定の構造はまた、さまざまな形でイノベーション・プロセスを促進させる。第1に、組織内のフィードバック・メカニズムに高い信頼がなければ、意思決定階層内の個人が組織の下部のレベルでのイノベーションへのニーズを認知するのは困難かもしれない。管理者は単独では組み立てラインにおけるイノベーションを提案するのに関連する情報を持ち得ない。したがって、権威的意思決定構造は、それがイノベーション意思決定のプロセスに対して適用されると、単位の構成員の知識を採用するために利用することはない。第2に、集団的意思決定では、より多くの個人が関与することが前提なので、意思決定のスピードは落ちたとしても、イノベーション意思決定プロセスにおける実行段階は促進される。意思決定プロセスにおける参加者が増えることで、彼らが実行段階で経験する困難を通じて、職務に対する参加者のコミットメントに繋がるのである（Morrow et al., 1967）。集団的意思決定プロセスは、参加者が(1)自分たちが働いているイノベーション状況が自分たちの生活に関わっている、(2)自分たちはイノベーションを始動し、実行する能力を有している、(3)自分たちにはイノベーションを遂行する権威がある、と感じている時にもっとも適用可能であり、生産的である（Cooke, 1972）。これら条件がすべて揃わない時は、権威的意思決定構造と集団的意思決定構造を結合させることがより適切である。例えば、もし個人が、自分の職務に直接関わらないと感じられるイノベーションを実行するかどうかの意思決定に参加するように要請されたら、自分が参加するのはより上層レベルの人々によるマイナーな意思決定に重要性を感じさせるための一種の巧妙な操作であると感じるかもしれない。そうした反応は一種の拒絶であり、意思決定プロセスにおけるあらゆる役割を引き受けることからの離脱である（Sykes, 1962）。

イノベーションに対する抵抗

イノベーションの採用に関する議論だけでも、まだ十分に全体像を描き切れてはいない。数多くのイノベーションを起こそうとする試みは失敗に終わって

いる。ある重要な，非常に穏当な理由として，その唱道されているイノベーションが単に十分機能しないということがある。すなわち，それが目的としたことを十分に遂行していないということである。しかし，イノベーションを組織が採用するのに失敗したり，採用されても適切に遂行されなかったりする理由は他にもたくさんある。

イノベーション・プロセスの抵抗と諸段階

抵抗の原因と源泉を捉える便利な方法として，私たちは，最も影響を及ぼしそうである革新の段階に従って，それらをグループ分けする。しかし，組織のイノベーション・プロセスを通じて数多くの抵抗要因が作用していることが指摘されるべきである。

始動段階：知識－認知下位段階

この段階では，イノベーションを組織に導入することを阻害するいくつかの要因がある。Havelock (1970) はこれらのうちのいくつかを詳細に論じている。第1に，**安定性へのニーズ**である。新しい知識やイノベーションは均衡を破壊する。それゆえに，さまざまなメカニズムによって遮られる傾向にある。その1つのメカニズムは，**コード化した理論体系の障壁**であり，企業の構成員にとって異質な専門用語（jargon）で表現されたイノベーションは拒絶されるということである。自分達独自の語彙を有することは，ある組織が外部の情報源とコミュニケートすることを困難にするのである。Deutsch (1963) は，これを組織内と組織外の人々との間にある"コミュニケーション差異（communication differential）"と名づけた。経営科学の技法の普及が遅いのも，このコミュニケーション差異によるものである。組織内のさまざまな単位間，例えば，マーケティング部門の人々と生産部門の人々との間のインターフェースの問題もまたコミュニケーション差異の構成要素になっているのである（Young, 1972）。イノベーションは，組織内の**既存の社会関係に与える潜在的なインパクト**によってもまた，その導入が阻害される（Stewart, 1957を参照）。Schon (1967, p.58)

が述べているように,「イノベーションはまた,企業の統制システム構築の土台になっているパワーや威信のヒエラルキーにも脅威を与える。というのは,その政治的構造はある種の確立されたテクノロジーに結びついているからである」。これに関連するのが,アウトサイダーが**人的な脅威**をもたらすという恐怖である。コンサルタントを雇うことへの特に中間管理者の間での反対は,反対の声をあげている個人が占めている役割や地位に対する知覚された脅威を基にしていることが複数の事例において観察された。この恐怖は,コンサルタントが反対者がその役割を遂行することを批判したり,役割の内容を変えることを提案したりするかもしれないという思考に根ざしていることがある。技術的イノベーションは企業のあらゆるレベルに脅威を与える可能性があるが,イノベーションの累積効果に当惑するトップマネジメントに対しては特に影響を及ぼす。「もしその社長がそのビジネスを通じて出世し,現在の業務の詳細に精通していることで信頼を得ているのであれば,彼は,技術的イノベーションによって全くなじみのない領域に投げ出されることになるかもしれない。彼は古いビジネスを理解していたが,新しいそれを理解してはいない。彼は,彼が今属しているビジネスを理解していないのに,どうしてそれを管理することができるのであろうか」(Schon, 1967, p.98)。

Havelock (1970) は,**偏狭なプライド** (local pride) が障害になり得ることを提起した。組織が肯定的な意味でユニークかつ特殊であるという考え方は,その組織に変化が起きることがこのユニークさを消失させてしまうかもしれないという信念に繋がることになる。そこで変化が必要であることを示唆するような新しい知識に耳を貸さなくなってしまうのである。このことは,組織における科学者の研究(Allen, 1970, Havelockから引用)や事業会社における管理者の研究(President Conference, Havelockから引用)で示されている。

組織に新しい知識を流入させる際のもう1つの障壁となるのが,知識を受け取るであろう側と与えるであろう側との間の地位の不一致である(Rice,1963)。与えるであろう側の組織の地位が受け取るであろう側よりも相対的に高ければ高いほど,両者の間で情報が流れない可能性が高い(Czepiel, 1972)。このこと

の背後にある原理的説明は，情報を求めるということは劣位であることを認めるようなものだということである。

加えて，そこにはまた，新しい情報を求める**感知された必要性**（felt need）かまたは，新しい知識を利用し，それを基に行動するために**経済的能力**の伴った知識がなければならないのである。これらの内のどちらかが不足していれば，新しい知識は組織に受け入れられそうにはない（Czepiel, 1972）のである。Pellegrin（1966）は，教育的文脈において，新しい知識を組織に流入させる際の障壁は，コミュニケーション・チャネルの弱さや，新しい教育アイデアを伝播させる手続きの弱さから生じることがあることに注目していると述べている。

態度形成と決定下位段階

ひとたび新しい情報や知識が組織に入ってくると，イノベーションの拒絶に結果的に繋がる多くの要因が作用するようになる。Havelock（1970, pp.6-22）が述べているように，「内的には，組織は複雑なフィルターのシステムとして見ることができる。個々の下位システムや構成員はそれぞれ情報の流れを遮断し，情報を監視し，読み取り，歪ませるだけのパワーを有している」。このことはWatson（1973）が体系的結合の緊密さ（systemic coherence）と呼んだものに関連づけられる。それは，システムの他の部分に影響を及ぼすことなく，システムの一部分を変えることは難しいということである。Watsonは，出来高払いの作業員（piece maker）が管理者よりも金銭を多く稼げるところまで生産性を高めてしまったがために使用中止になった技術変化の事例を記述している。多くの組織に抵抗の源泉となる構造的要因がある。階層化はもう1つの問題である。組織のパワー構造が階層化（stratification）されればされるほど，**下からの変化**が生じにくくなる（Watson, 1973；Rogers, 1973）。Hage and Aiken（1970, p.31）は，それに関連した事項として中央集権化が進めば進むほど，組織のイノベーションの率は低くなることを指摘している。

分業（division of labor）はもう1つの構造的要因である。分業は単位間の競争をもたらす。例えば，共通の課業を分かち合っている集団は企業内の希少資

2. イノベーションのプロセス

源を巡って互いに競争していると感じるかもしれない。それぞれのカテゴリー内で異なる規範と目標が開発され，それゆえにコンフリクトが生まれ，協働することが減少していく。それによって意思決定に到達することが困難になっていくのである。また，もしイノベーションがある集団によって他の集団より先に始められるか，あるいは提起されるかすると，別の集団が組織内でそれをさらに進めていくことを挫こうとする傾向がある。Schein（1970, p.99）が述べるように，集団間競争の基本的問題は「目標の対立と集団間での相互作用やコミュニケーションの崩壊である」。実践的目的にも拘わらず，異なった下位単位は異なった組織と同じくらい性質が異なっており，組織間の，ないしは外部環境からその組織に至るイノベーションの流れに影響を及ぼすさまざまな要因は，それぞれの下位単位に対して効力を発揮するようになるのである。Schein（1970, p.88）は，イノベーションの採用を考える際に，それ自体がある状況ではイノベーションになるかもしれない新しい部門横断的委員会を設置するのに本質的に内在する問題に関して，次のように言及した。部門横断的委員会では，「人々はそれぞれ自分の出身の集団に関心があるために，その代表として集団の利害を高めることを望んでいるので，構成員が新しい委員会に同化することは困難になる」（p.88）。このことがもたらした逆機能的な結果は，委員会へのコミットメントの不足が，その特別に構成された委員会が考察するために形成された特定のイノベーションへのコミットメントもしくはサポートの不足をもたらすことに至る，ということである。

　役割（Roles）は抑制的でもあるし，促進的でもあり得る。Havelock（1970）は，役割は第一義的には現状を維持するように機能すると思っているようである。「ほとんどの役割期待は人間の行為（performance）を安定化させ，日常化させるように意図される。役割は一体感を促す。（中略）……役割がより明確に定義され，その範囲が限定されればされるほど，'新しい'そして期待されていたものとは異なるメッセージを受け取ったり，送ったりする余地は少なくなっていくだろう（pp.6-22）」。Hage and Aiken（1970）もまたこのような所見を述べている。彼らは，公式化，すなわちある組織の職務の成文化の度合い

はイノベーションの率と負の関係があることを主張している。

　階層および地位の違いは，態度形成と意思決定プロセス段階の間に作用する変化への抵抗の追加的な源泉である。組織内のその人自身の地位が落ちることへの恐怖もまた相当な抵抗を引き起こす。つまり，そうした恐れが企業内で広まっていくと，組織は変化に関する動きが取れなくなり得る（Burns and Stalker, 1961）のである。このことは病院から地域の行政機関に至るまでのいくつかの組織的文脈で述べられている。「組織構造が階層的であればあるほど，変化の可能性が低くなる」ことが仮定されている（Griffiths, 1964, p.434）。**物理的な分離**（physical separation）は非革新的な意思決定を導くが，物理的な分離は階層や地位の相違の兆候や顕現であることが多いのである。

　報酬のパターンもまたイノベーション意思決定よりも保守的な意思決定を生み出す傾向をもたらす。典型的には，個人は，安定的で信頼できる行動，つまり製品チャンピオン（product champion）に繋がらないような行動から報酬を得ている（Rothe, 1960；Schon, 1967）。革新的な行動が組織によって報酬を与えられる時，その行動は根本的な革新性よりはむしろ控えめな革新性を伴いがちである。

実行段階：初期実行下位段階

　実行段階では強い抵抗が直ちに発生し得る。この点に関して，私たちはGraziano（1969, p.12）から長い引用をする。

　　イノベーションが入り込んでくると，その脅威に対処するために，構造（structure）はさまざまな戦略で反応をする。それは，新しい事物を組み込み，既存の構造に適合するようにそれを変化させようとするが，実際には何も変わらないのである。サポート不足を確実にすることで，革新者を兵糧攻めにするように全ての資源を使ってしまうといった積極的な拒絶によってもまた，イノベーションの侵入に対処するのである。

　　しかし，もっとも巧妙な防衛策は，表向きは革新者を受け入れ，勇気づけ，

公には革新的な目標の支持を公言することである。ところが，そうしつつも，特別委員会のようなさまざまな統制のための防衛策をつくり，それによってその職務が常にパワー構造の経路を通じて遂行され，実質的な変化がないようにするのである。こうした戦術によって革新者の無効化が図られ，同時にパワー構造に対して公には進歩的な外観が与えられるのである。パワー構造がこの姿勢に巻き込まれるようになると，より低いラインにいる人々は，実際には現状の政治的パワーを維持するために働いているにも拘わらず，自分たちは博愛主義や科学，および進歩といったお決まりの理想のために働いていると心から信じるようになるのである。

　こうしてパワー構造はイノベーションを称賛し続けつつも，その防衛的な策略を通じて，現状維持を保障するために多大な労力を費やしている。概念的に抽象化された段階にとどまっている限り，イノベーションは受容され，促進されさえする。そして現実には何も変化しない，ということを規定したのだった。

　いくつかの理由で，実行段階での抵抗が予期される。第1に，イノベーションが組織で現実となっていくにつれて，不均衡はこの段階で最も大きくなり，コンフリクトが深刻化していくからである。不均衡が生じる可能性があるのは，すべての不測事態が予期されたり，対応計画が立てられたりするわけではないからである。コンフリクトは，イノベーションが新しい職務地位の確立を伴う場合，特に先鋭化する。新たな地位にいる人々は，イノベーションの成功を確実にするために出来るだけ多くの資源の確保を目指す。特に，これら資源の獲得が組織の他の部門を犠牲にして獲得されると，それによって，その希少資源を失う人々と勝ち取った人々との間に緊張が走り，コンフリクトが明るみになるのである。

　受身的な抵抗はラインのさらに下にいる個々人によるもう1つの拒絶の形態である。このことは，トップ・マネジメントによって提示された方向性にのっとって遂行しないとか，能力を最大限に発揮して，あるいは適切な方法でイノ

ベーションを活用しないとかいったことに単に関係している。例えば，多くの学校システムでは，学校長は授業で教育用シミュレーション・ゲームの使用を命じた。いくつかの理由で，ゲームは棚の上に置きっぱなしになっていたことがよくあり，いい加減に取り扱われたりして，結局，効果は上がらなかった。このように，最も効果的な方法でもってそのシミュレーション・ゲームを活用することに失敗したことは，いくつかの学校で，これ以上アカデミック・ゲームをするという考え方を追求しない，と学校長が判断をするきっかけを与えてしまったのだった。教師たちはあっさりと「私たちはそれを試してみたけれども，うまく動かなかったのです」と言った。学校長は，これらのイノベーションの検証を教室でどのようにしたら適切に行えるのか，その方法がまったくわからなかった。もし学校システムの中にいる教師たちが意思決定プロセスに関与していたのなら，このイノベーションはもっと成功していたであろう。

　Argyris（1970）は，イノベーションがトップマネジメントによって一方的に実行された場合に抵抗を生み出すいくつかの要因を示している。それらは，「……(b)新しいプログラムに巻き込まれた部下たちの不信と非難，(c)それらが採用される前に，従業員たちが表明することを望んだ疑問や懸念の禁止，(d)変革を秘密にし続けるという事実により，操られているという感情…」(p. 72)，である。

　このように，協力してくれるキーパーソンがいないことが実行段階での抵抗の重要な原因となるのである。Hage and Aiken（1970）は，この観察を，メンタル・ホスピタルにおけるセラピー治療ケアの採用事例で行っている。

　　スタッフおよび管理部門のチーフは，このイノベーションに全面的に好意的であったが，精神科医，看護師，付添係他の人々は，もしこのプログラムが成功すれば，患者に対する行動を変更しなければならなかった。言い換えると，多くの職務の職務内容記述の変更を余儀なくされたのであった。これら専門家たちはこのイノベーションと最も密接に関わっていたので，もし彼らがそう望んだならば，新しいプログラムをサボタージュすることのできる

2．イノベーションのプロセス　93

地位にあった（p.102）のだった。

このように，実行段階は相当なコンフリクトが潜んでいる段階であり，不均衡が最大になる段階である。イノベーションが現実化するようになり，潜在的な憎悪，パワーを失うことへの反感などが顕在的になる傾向がある。またこの段階で，予期せず，意図していなかったイノベーションのネガティブな結果が短期的な影響を与えることが知られている。

継続－持続的実行下位段階

一度イノベーションが実行されるようになると，その後拒絶反応を示したり，中断されたりすることがある。組織のイノベーションの途絶，ないしは単に個人による使用のためだけに意図されたイノベーションに関してさえも，その断続性に関して公刊されている文献は極めて少ない。すべての要因がイノベーションに支持的であっても，イノベーションは適切に遂行されなかったり，成果のみを基にして中断されてしまうことがある。イノベーションに対する組織の構成要素間の継続的なコンフリクトは，イノベーションの価値が，それによって生み出される社会的コンフリクトを下回るところまで破壊的なものになるかもしれない。初期実行の期間から時間が流れるにつれて，イノベーションの長期的には不都合な効果が明るみに出る機会が増えてくる。これらのことが明らかになり蓄積されていくと，抵抗はますます強くなり，より広範囲に広がるようになることがある。

個人の変化ゆえにイノベーションが中断されてしまうこともある。新しい学校長，病院管理者，製品開発マネジャーは，彼らがその地位を得てすぐの時には，直近の変化を無視してしまうことが判ってきている。これにはいくつかの理由があるが，最もよく知られているのが，自分の存在を印象づけ，利害集団およびパワー・センターがこれらの直近の変化の周辺で形成する開発を妨げる手段だということである。人々が直近の変化にコミットすることで，新しいマネジャーが提唱する変革へのコミットメントを高めていくことが困難になって

しまうのである。

　Coe and Barnhill (1967) は，その実行期間中に幅広いサポートがあったにも拘わらず，実行段階で失敗してしまったイノベーションについて，興味深い洞察を提示している。彼らはイノベーションの失敗とイノベーション以前の状態に逆戻りすることに繋がる抵抗について2つの起こり得る原因を提示している。この事例でのイノベーションは新しい医療システムで，それは看護師達に最も重要な影響を与えるものであった。その最初の原因はハロー効果である。最初の段階では看護スタッフはイノベーション全体に対してポジティブな反応を示していた。それはそのイノベーションのある特定の側面を強くアピールしたからであった。イノベーションが最初に実行された時は，この魅力的な特徴が医療システムの他の側面にも広がっていった。しかし，この医療システムを使っていくにつれて，ネガティブな特徴が表われるようになった。事実，このことはネガティブなハロー効果あるいは悪魔の角（devil's horn）効果の可能性を提起している。

　なぜイノベーションが継続段階で抵抗に遭ったのか，その2つ目の説明は「看護部門の社会的組織の崩壊と看護師長の権威の喪失（Coe and Barnhill, 1967, p.155)」に関するものである。新たな手続きの導入に加えて，新システムにより，看護部門内の役割やステータスの変更が生じた。新しいシステムの下での看護師長は部下たちへの統制や権威に関する資格を失い，そして他の看護師への報酬と懲罰を与えることにおける裁量も失うことになったのであった。

個人の抵抗プロセス

　組織の意思決定は，大雑把にいえば，個人の意思決定の関数である。だから，イノベーションの状況下での個人の意思決定プロセスにおける抵抗に注目することは有益である。よく知られている抵抗要因は，まずWatson (1973) から用例を引くことができる。変化への心理的抵抗を追加的に取り扱ったものが，Foster (1962), Gibb (1961), Coch and French (1948) に見られる。抵抗力は，それが最も適切に作用しそうな段階で示されている（図2-4を参照）。し

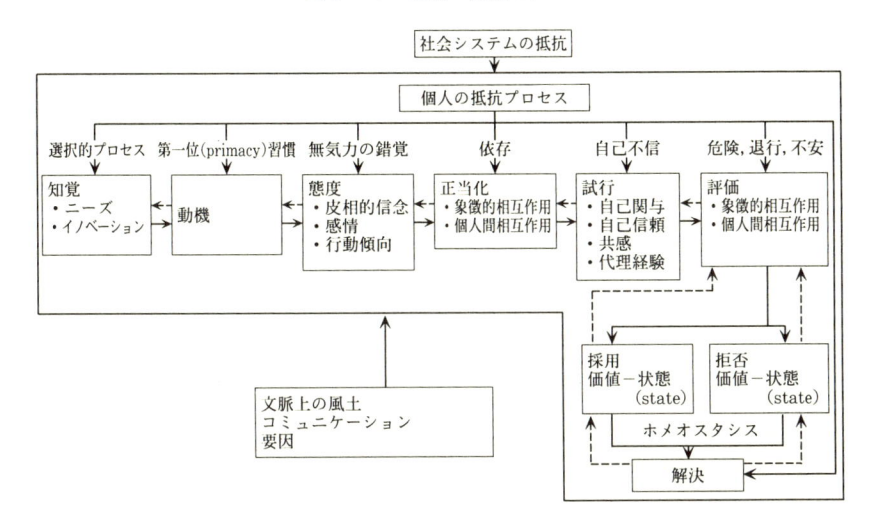

2. イノベーションのプロセス　95

図2－4　抵抗－採用モデル

```
                    社会システムの抵抗
         ┌─────────────────────────────┐
         │        個人の抵抗プロセス        │
選択的プロセス 第一位(primacy)習慣 無気力の錯覚 依存 自己不信 危険,退行,不安
┌────┐        ┌────┐   ┌────┐    ┌────┐  ┌────┐  ┌────┐
│知覚 │        │動機 │   │態度 │    │正当化│  │試行 │  │評価 │
│・ニーズ│─────→│    │──→│・皮相的信念│→│・象徴的相互作用│→│・自己関与│→│・象徴的相互作用│
│・イノベーション│ │    │   │・感情│    │・個人間相互作用│ │・自己信頼│  │・個人間相互作用│
└────┘        └────┘   │・行動傾向│  └────┘  │・共感 │  └────┘
                        └────┘            │・代理経験│
                                          └────┘
                                              ↓        ↓
                                         ┌────┐  ┌────┐
                                         │採用  │  │拒否  │
                                         │価値－状態│ │価値－状態│
                                         │(state)│ │(state)│
                                         └────┘  └────┘
                                            ホメオスタシス
                                              ↓  ↓
                                            ┌────┐
                                            │解決 │
                                            └────┘
         ┌──────────┐
         │文脈上の風土    │
         │コミュニケーション│
         │要因           │
         └──────────┘
```

かし，強調しておくべきことは，個々の心理的な要因が働くのは，1つの段階だけではないということである。いかに個々の抵抗力が作用しているかについての理解を促進するために，それぞれの段階をいくらか精緻化したものが，そこには示されているのである。

知　覚

　内的なプロセスは知覚から始まる。最終的に，そのイノベーションが採用されるにはイノベーションとニーズの両方が個人によって知覚されなければならない。この段階での時間的な順序はそれほど重要ではないように思われる。なぜなら，個人のニーズが先なのかイノベーションが先なのかは，最終的な成果に影響を与えない初期の知覚だからである。

　重要な知覚が研究対象となる個々の知覚のうちのいくつかである場合，研究者は，"適切な"類型化をするために自分自身の知覚を他人に押しつけているようなことがよくあるように思われる。どの視点が採用されるかによって，異なる研究結果が予期される。この問題の顕著な事例は，Bennett (1969) によ

るダイナミックな社会における新参者の分類に見られる。その製品がすでに社会で広範に受容されていたという事実があるにも拘わらず、彼ら新参者が社会の中でその製品に対する初期の露出に関係した行動を採用したとき、彼らは"早熟の人（precocious）"にあたるかもしれない。その人にとってその製品が新しいがゆえにほぼ即座に採用するこうした早熟の個人は最も革新者になりやすいようであるが、状況を認識していない研究者によって遅怠者（laggard）として分類されてしまうかもしれない。このように研究者の状況知覚は重要だが、不幸な影響を研究結果に与えることになるかもしれない。

個人の採用者によるイノベーションの知覚は、その人が採用のさまざまな段階を通じて考えを変えるにつれて変化するようである。始動段階で、新しかったり、これまでと異なると見られていたものが、結局、後の段階で平凡なものと考えられるようになるかもしれないし、またその逆もあるだろう。このような知覚における変化は個人の行動に重大な影響を及ぼす。したがって、起こり得る変化のプロセス全体を通じて知覚が追跡されるべきである。革新者は他者よりも速やかに彼らの知覚を変えるのか。あるいは、他社が製品に対してより多くの親しみを求める一方で、革新者たちは新しいものが含まれていれば採用するのだろうか。おそらく、初期採用者は当該アイテムになじみを感じるがゆえにそうした行動を採るのかもしれない（Zaltman and Dubois, 1971）。

この段階で個人に影響を与える明らかな要因は、選択的な知覚と選択的な保留（retention）からなる選択的プロセスである。これらプロセスは、現時点で抱かれている態度の産物というよりも、文化的（Rogers and Shoemaker, 1971），社会的、またはコミュニケーション的風土の産物なのである。

動 機

変化に対して自然に生じる抵抗に打ち勝つために必要なステップが動機である。所与の問題（第一位問題（primacy））を最初にうまく解決しようとする試みを表明する行動がそうであるように、快適な（習慣的な）行動が通常、変化への抵抗になる。既存のニーズとイノベーションに関する個人の知覚が、ここそ

こで起こり得る個人ベースの抵抗に打ち勝つようなさらなる行動への刺激を提供するに違いない。

態　度

抵抗プロセスの次の段階は態度である。Kelman and Warrick (1973, p.25) の発見によれば,「まさに機能的に働く態度は,—それらが新しい情報に対するその人の露出, その人の知覚と記憶, そして態度の対象に対するその人の行為に対して影響を及ぼす, その及ぼし方—その態度の強化を構築し, 維持する傾向があり, それが変化への抵抗に繋がる傾向がある」ということである。

態度の段階には多くの文献で支持されている認知的, 感情的, 行動的の3つの構成要素が含まれている (Summers, 1970)。個人は, この段階を経るにつれて, 社会的相互作用, 広告を読むこと, さまざまな消費者雑誌に掲載された製品に関するレビュー報告などを通じて得た情報をもとに, イノベーションについての信念を形成する。この種の信念は周辺的な信念として分類されてきた。それらは, 消費者から信頼されている権威 (authorities) によって提供されている情報がベースになっているのである (Rokeach, 1968)。Jacobyによる最近の研究では, 権威を基礎にした信念と行為の傾向に注目を促している (Jacoby, 1971a and b)。こうした信念は, その源である権威の地位が変われば, 変わってしまいやすかったり, あるいはより基礎的な信念と周辺的な信念とが矛盾していれば, ひっくり返ってしまったりする。

この段階での感情的構成要素はおそらくさほど強くはない。それは, 製品ないしはアイデアの好き嫌いに限定されるかもしれない。この感情的要素の強さあるいは激しさはそれに伴う行動の起動力を提供する。より感情が激しくなると, プロセスの残りの段階を通じて, より飛躍的な進展があるということを意味するかもしれない。この感情的構成要素に関する研究では, 革新者と遅怠者の行動における感情の受容または抑圧といった要因の働きや, 感情的構成要素の強さが採用や拒絶の速さに与える影響が明らかにされている。

この段階での重要な抵抗のタイプは, その人自身の無気力さに関する個人的

な幻想である。このことが個人の抱いている感情を減退させ，結果的に行動する気持ちを低めることになりやすいと思われる。この段階でそのような結果になることは，プロセスが不完全な状態のままになってしまうことを引き起こすかもしれないのである (Zaltman and Stiff, 1973)。

正当化 (Legitimation)

正当化という状態は，個人が遂行しようと思っている行為のための強化を追求している時である。その行為の適切性は，非常に重要である。これは，同じ集団内の他者による行動の成果を観察したり，同僚や親族から確証を求めたりすることで，個人によって決定されることがある。相互作用があることは正当化段階に入っていることを認識する際の重要な基準になると思われる。相互作用の不足は抵抗の源泉になる。別のモデルを基盤にしているものの，Pareek and Singh (1969) の研究は，この立場を支持している。彼らの研究では，試行段階の直前でピークを迎えた相互作用が増えていることが示されている。

ここで最も起こりやすい抵抗プロセスは依存である。個人が支援を求めて他者に頼るという事実は，親が子に感情的な支援を与える人生の始動段階を反映している。人が他者からそのような支援を受けると，その他者の視点を採用しようとする傾向があり，それによって変化に対して保守的な立場を維持し，現状を永続させようとするのである。

試 行

試行段階は一般に承諾を受ける段階である。完全に受け入れる前に，個人はイノベーションを個人的に試験してみる。しかしながら，イノベーションの性質 (Lin and Zaltman, 1973) やその状況ゆえに個人的な試験が不可能な場合もあり，個人は，個人的な試験と類似の結果が出そうな代理経験を通じてイノベーションを"試してみる"のである (Bandura, 1969)。自分の能力に自信のない個人はここで不満足な経験をするかもしれない。

評 価

　評価は，試行段階と採用段階の間にある必要不可欠な公式的なステップである。試行後に個人は引き続きそれを使用するか，使用を増やすかについての是非を再検討する。この段階の存在は，Pareek and Singhの研究で明らかになった。彼らの実証では相互作用がほとんど存在しない試行段階の後に高レベルの相互作用があることが示された。そのポイントでその状況を検討するために，非公式的な，もしくは非常に短い評価が，採用プロセスにおける各段階をフォローすることはよくあることだが，公式的な評価はおそらく，公式的なコミットメントがなされる前に必要になってくる。それゆえに，評価はそのモデルにおいては，採用に先立って行われるべきである。

　複雑なことが入ってくる前の人生が魅力的に思えるように，不安を感じたり後戻りしたりすることによって，個人は試行段階で得られた効果を割り引いて考えるようになる。以前の行動パターンは，人生を取り扱うことにおいては結果的に成功には役立たない。ただ好ましく思い出されるだけである。新しい行動の採用に際しては，潜在的な脅威を伴うゆえに，不安がこのような反応を喚起することがある。

採用または拒絶

　採用段階は繰り返し継続して使用することへの個人のコミットメントのレベルを示している。この段階は，認知的，感情的，行動的な構成要素を伴う段階でもある。しかし，この段階と態度段階の間にはかなりの差異がある。採用段階での認知的構成要素には，試行段階からの個人的な経験をベースにした信念が含まれている。これら信念は態度段階の信念よりも基本的であり，強く抱かれている（Rokeach, 1968）。これらは基本レベルの程度が低い信念を補完したり，あるいは取って代わったりするのである。

　感情的な構成要素もまた態度段階においてよりもさらに強いものとなりがちである。これは，単に使用について考え続けるよりも，使用の継続的行動パターンに自らがコミットする方により強いインセンティブが与えられるという論理

に過ぎない。

コミットメントの深さと信念の変化は，この段階を価値状態（a value state）と名づけることのできる方向へと動かす。これは，ある態度がそうである以上に，心理学的地位においてより大きな求心性に近づき，他のあり得る状態が測定される基礎になるのである。採用へのコミットメントが強ければ強いほど，達成された価値状態は求心的になるだろう。深く抱いているいくつかの目標を個人が達成することができるようにするイノベーションがそれに取って代わるのは確かに難しいだろう。

この時点で，採用に対する代替案は拒絶である。この段階に先立つプロセスで不満足な結果が出ると，達成された価値状態はネガティブなものになってしまうだろう。拒絶の構成要素は採用のそれと同じで，同じくらいの強度を持っている。

解 決

最終段階は解決の段階である（Campbell, 1966）。この概念は不協和低減を含んでいるが，それよりも包括的な概念である。不協和は採用の際に生じる不可避な事態ではない。何の後悔もなく熱狂的に採用されるイノベーションもある。不協和は，2つ以上の魅力的な代替案の中から1つを選択しなければならない時に生じるが，それまで知られていたものよりもはるかに優れているイノベーションもあるだろうし，問題解決のために利用可能な，解っている唯一の代替案になるイノベーションもあるかもしれない。したがって，不協和の概念はどこか限定的であり，誤解を招くものである。問題解決によって提案されるパースペクティブが広ければ広いほど，実りある研究成果に繋がるだろう。達成された状態を維持するという考え方がホメオスタシス（生体恒常性）の抵抗プロセスによってここで表面化する。

イノベーションの拒絶を表しているもう1つの枠組みが，表2－3に示されている。この特殊な表は，教育組織に所属している個人について，Eichholtz and Rogersによって作成されたものである。しかし，他の組織的文脈に対し

2．イノベーションのプロセス

表 2 - 3　拒絶の形式を識別するためのフレームワーク

拒絶の形式	拒絶の原因	主体の状態	予測される反応
無　視	宣伝不足	知らされていない	「情報が簡単に手に入らない」
判断保留	論理的に納得させられるデータがない。	疑わしい	「試してみる前に立ち止まって、それがどれほど優れているのか見てみたい」
状　況	物的に納得させられるデータがない。	1. 比較している	「他のものも同じくらい良い」
		2. 防御的な	「学校の規則は、それを許可しないだろう」
		3. 貧しい	「あまりにもコストが掛かりすぎて、手持ちの時間とお金では賄えない」
個　人	心理的に納得させられるデータがない。	1. 心配な	「自分で設備を操作できるかどうかわからない」
		2. 罪深い	「それを用いるべきだと解ってはいるが、時間がない」
		3. 遠ざけられた	「これらの装置は、決して教師に取って代わらない」
経　験	現在ないし過去の試用	確信された	「過去にそれを試してみたけど、全然良くなかった」

出所：Eicholz and Rogers, 1964.

てもかなりの一般性を持つように思われるのである。変化に対する抵抗を減らすためのガイドラインはWatson（1973）によって発表され、それは図 2 - 5 で示されている。しかし、これは重要なポイントであり、抵抗は望ましいものかもしれないのである。Klein（1967）はじめ他の論者（Stiles and Robinson, 1973；Warwick and Kelman, 1973）が指摘するように、抵抗は役に立つことがあるのである。すべての変化が健全なものであるわけではない。つまり、"新しい"ということがそのまま自動的に"良いこと"と等しいわけではないのである。Klein（1967, p.30）は、「変革を成功させるのに必要な前提はそれに抵抗する力を流動化することである」という主命題を発表した。抵抗は組織における問題を浮かび上がらせ、イノベーションの提唱者による詳細で注意深い理由づけを提示するか、または要求するかもしれない。間接的に、抵抗に対する脅威により、変革の提唱者はイノベーションによって生じる可能性のあるネガティ

図2-5　拒絶を減らす：要約（Watson, 1973より）

　個人および機関（institutions）内における抵抗の源泉を観察していくと、いくつかの簡潔な原理に纏めることができる。これらは絶対的な法則ではないけれども、通常、事実に即していて、当を得ていそうな一般性が基礎になっている。いくつかの提案が、ここで次の3つの疑問にも答えるべく、再組織化される。その疑問とは、「変化をもたらしているのは誰か。どんな種類の変化だとうまくいくのか。どんな手続きによって、どんな状況の下で、それがうまくなされるのか」である。

A. 変化をもたらしているのは誰か
1. 関与している人々、教師、委員会の構成員、コミュニティのリーダーらが、このプロジェクトは他人が考案し、運営しているのではなく、自分達自身のものであると感じていると、抵抗は少なくなるだろう。
2. そのプロジェクトが明らかにシステムのトップ部門から誠意ある支援を得ていれば、抵抗は少なくなるだろう。

B. どんな種類の変革か
3. 参加者が、彼らの現在の負担を増やすよりもむしろ減らすものとしてその変化を見ているのならば、抵抗は少なくなるだろう。
4. そのプロジェクトによって、参加者に長きに亘って認められてきた価値観や理想に沿ったものであれば、抵抗は少なくなるだろう。
5. そのプログラムが、参加者に興味を抱かせる**新しい**類いの経験を提供しているのならば、抵抗は少なくなるだろう。
6. 参加者が、自分たちの自律性や安全性が脅かされることがないと感じているのならば、抵抗は少なくなるだろう。

C. 変化を制度化する手続き
7. 参加者が基本的な問題に同意し、その重要性を感じることに繋がるような診断的な努力に参加しているのであれば、抵抗は少なくなるだろう。
8. そのプロジェクトがコンセンサスによる集団的意思決定によって採用されるのなら、抵抗は少なくなるだろう。
9. イノベーションの支持者が反対者に感情移入し、根拠の確かなある反対意見を認識し、不要な恐れを取り除く処置を採ることができれば、抵抗は減少するだろう。
10. イノベーションは誤解されたり、誤って解釈されやすいと認識されているのならば、そしてプロジェクトに関する知覚のフィードバックが提供されたり、かつ必要とされるようなさらなる明確化が成されるならば、抵抗は減少するだろう。
11. 参加者が互いの関係の中で、是認を経験し、信頼、信用を裏付けられれば、抵抗は減少するだろう。
12. 変革が望ましいということが経験上示された場合にプロジェクトを見直したり、再考察に対して開かれた状態であるならば、抵抗は減少するだろう。

D. 変化のための条件
13. 変化を受け入れる用意があるということが徐々に、ある1つの個人、集団、組織、文明の特性になっている。彼らはもはや過去の栄光の時代を回顧的に見たりはせず、来たるべき時代の彼らのユートピアを期待する。若者の自発性が育まれ、イノベーションはその真価を確立する機会を得るまで保護される。理想はますます実現可能なものとして見られる。

ブな結果を前もって考慮に入れ，それに対して先手を打つことが求められることになるのである。

要　約

　本章は，受容あるいは意思決定のプロセスとしてのイノベーションに焦点を当てた。集合体のための代替的な意思決定プロセスが検討されたが，ある特定のプロセスが特別に取り上げられた。このモデルは2つの基本的なステップあるいは段階を含んでいる。最初の段階は始動段階で，それには次の下位段階が含まれる。それは，知識の認知，態度の形成，そして（意思）決定の3つである。第2段階は実行段階である。それには初期実行段階と継続－持続的実行段階の2つが含まれる。フィードバックの概念を含むイノベーション・プロセスの統制についてもまた議論された。それは，革新的決定の2つの基本的な種類である。抵抗という現象については，2つのレベルで分析された。まず，ここで取り上げたられた2段階モデルの枠組みの範囲内で，抵抗が考察された。そしてそれは，組織それ自体に直接関連するものである。次に，個人の採用プロセスの枠組み内の抵抗に関して論じられた。議論された抵抗のさまざまな源泉だけでも，組織におけるイノベーションの採用に制約を課すものとして働く数多くの要因を連想させるのである。明らかに，組織行動における調査研究の1つの領域は，イノベーションの属性の相互関連性，およびマクロあるいは組織レベルとミクロあるいは個人レベルの両方における抵抗のいくつかの源泉に関係しているのである。

【注】

(1) 意思決定に関するこの議論は簡潔な概観をするにとどめている。より詳細な議論については，March and Simon (1958), Taylor (1965), Shull et al. (1970) を参照。
(2) これら権威的なイノベーションの意思決定については，本章の後の節で論じられる。

(3) さまざまな変化の戦略についてのより完全な議論，変化の戦略が最も適切に使われる文脈，戦略選択のための一般的な基準などに対しては，Gerald Zaltman and Robert Duncunの*Strategies of Planned Change*（印刷中：訳者注，1977年に刊行），Wiley-Intersciehceを参照のこと。
(4) これら組織の諸特性は第3章で詳細に論じられる。

3. イノベーションに影響を及ぼす組織の特徴

序　文
　定義された組織
組織環境
　定義された組織環境
　イノベーションに影響を与えるような環境の構成要素
組織構造とイノベーション
　官僚制組織の特徴
　イノベーションのための官僚制組織の制限
　　独裁的コンセプト（Monocratic Concept）／コンフリクトに対処するためのメカニズムの欠如／確実性に対する過度の強調（The Overemphasis on Certainty）
　組織構造の修正された見解
　　組織のサイバネティックな（制御工学的な）コンセプト（The Cybernetic Conception of Organization）／柔軟性-安定性のジレンマ（The Flexibility-Stability Dilemma）／組織のコンティンジェンシー理論（Contingency Theories of Organization）
　イノベーション・プロセスに影響を及ぼすような組織の特徴
　　複雑性（Complexity）／公式化（Formalization）／中央集権化（Centralization）／個人間関係（Interpersonal Relations）／コンフリクト処理能力（Ability to Deal with Conflict）
要　約

3. イノベーションに影響を及ぼす組織の特徴

序　文

　これまでの2つの章では，イノベーションの本質とプロセスについて議論された。つまり，第1章では，さまざまな種類のイノベーションやその諸属性が議論され，そして第2章では，イノベーション・プロセスの諸局面が議論された。本章では，私たちは (1) 組織環境について議論し，(2) イノベーションと関係するような官僚制組織について議論し，そして (3) イノベーションのプロセスに影響を及ぼすような組織の特徴を強調する組織構造の修正された見解を提示する。

定義された組織

　組織の概念は，さまざまな方法で定義されてきた (Parsons, 1956 ; Katz and Kahn, 1966 ; Caplow, 1966を参照のこと)。本分析では，**組織とは，メンバーの集約的努力を通じて，ある特定の目標（goals）を達成するために創造された社会システム**，として定義される。**その最も顕著な特徴は，そのオペレーションを特定化するその構造である**。本章の後半の部分では，若干詳細に組織構造について議論される。

　社会システムの一般的な特徴は，さまざまな著者によって述べられてきており (Miller, 1965 ; Bertalanffy, 1968)，彼らが組織に適用した際に，これらは簡潔に言及されている。システムとして，外部環境から組織内部への**エネルギーの移入**が存在する。ここでは，組織は人，原材料，資本などに関して環境から資源を獲得する場所である。一度これらのインプット（投入：inputs）が組織にとって入手可能となると，組織はこの**スループット**（処理：through-put）段階で何かを創造する。組織が環境から何らかの製品もしくはサービスへと原材料を変換するのは，この地点である。イノベーションが始動段階から実行段階へと移行するのは，このスループット段階の期間である。最終的に，スループット・サイクルの間に開発された組織の製品もしくはサービスは，**アウトプット**

（産出：outputs）として環境に広められ，交換される。それからアウトプットは，新しいインプットを求めて外部環境で交換され，また新たにそのサイクルが始まるのである。そしてまた，その組織の生き残りは，継続したインプットを獲得するために，時を超えてそのアウトプットを環境と好ましい形で交換するための能力に掛かっているのである。例えば，1960年代の終盤から1970年代初期にかけて，米国の大学の大学院は，新規の博士号のアウトプットに対する需要の減少に直面していた。大学院のアウトプットに対する需要のこの減少は，新規のインプットを獲得するという問題に帰着した。新規の博士号に対する需要が減少したために，新しい教育プログラムだけではなく，既存の教育プログラムを支援するための連邦政府と私設の財源から入手可能な資金が減少した。このように，現在，大学はさらに大きな環境によってより好ましく受け取られるアウトプットを開発するために，学位プログラムを再検討している。

　組織と環境間でのこの交換の重要性を強調することにおいて，組織の有効性の新しい見解が考慮されると示唆する組織理論家もいた。Yuchtman and Seashore (1967) は，有効性を評価することに対する目標アプローチ (goal approach) が，次のような理由で避けられるべきだと述べている。「第1に，理想の状態としての目標は，現実的な評価の可能性を提供していないからである。第2に，文化的な存在 (entities) としての目標は，社会システムとしての組織の外で発生し，組織それ自身の諸特性として任意に帰され得ないからである」(p.893)。その著者たちはまた，次の点についても指摘している。機能的アプローチは有効性を評価することにおいて，耐えられないのである。なぜならそれは，比較のための何らかの準拠枠が，組織を評価する際に使用されなくてはならないからである。組織の有効性は，それ自身の繁栄に関係して，もしくはその組織が何らかの他のシステムの成功にいかにうまく貢献しているかに従って判定され得るのである (Yuchtman and Seashore, 1967, p.895)。その時，常に問題になるのは，評価する際に使うのはどんな準拠枠であるのかである。

　Yuchtman and Seashoreは，組織の有効性に対してシステム資源アプローチを提案した。有効性は，「…希少で価値のある資源の獲得において，環境を

3. イノベーションに影響を及ぼす組織の特徴

開発するために, 絶対的か相対的かのいずれかの期間で, 組織の能力において反映されるような組織の駆け引き交渉の地位」を通して定義される (Yuchtman and Seashore, 1967, p.898)。11年間に及ぶ75の保険販売代理店における76の成果尺度の因子分析において, Seashore and Yuchtman (1967) は, ほとんどの変数を記述する10の要素を見出した。表3－1に示されたこれらの要素を考察する際に, Seashore and Yuchtman (1967, p.392) は, それらが希少資源を求めて環境を開発する組織能力を表していると結論づけた。

表3－1 希少資源を求めて環境を開発するための組織能力を示す (performance) 要素

要素	割り当てられた名前	番号を割り当てた変数	指標変数
I	事業量 *	Ia	有効な保険証券の数 (年度末)
		Ib	販売された新しい保険 (ドル換算)
		Ic	収金された更新保険料 (ドル換算)
		Id	保障された人 (lives) [訳者注: lifeを人と翻訳] の数 (年度末)
		Ie	代理店の人員 (代理人の数)
II	生産コスト	IIa	新政策ごとの生産コスト
		IIb	保険1,000ドルごとの生産コスト
		IIc	保険料100ドルごとの生産コスト
III	新規構成員の生産性	IIIa	新規の代理人ごとの平均生産性
		IIIb	新規代理店対古参代理店の生産性の比率 (開業5年未満の新規代理店)
IV	構成員の若さ	IVa	総構成員に対する新人 (35歳以下) の比率
		IVb	代理人の総構成員に対する若年層の構成員の生産性の割合
V	事業ミックス †	Va	1,000ドルごとの平均保険料
		Vb	四半期ごとの支払いに伴う新規保険料のパーセンテージ
		Vc	従業員信託における事業のパーセンテージ
VI	人的資源の成長	VIa	年間での人的資源の純粋な変化
		VIb	最初の人的資源に対する最終的な変化の割合
VII	管理の強調点	VIIa	管理者の個人的職権
VIII	維持費用 ‡	VIIIa	集金ごとの維持費用
		VIIIb	集金された保険料100ドルごとの維持費用
IX	構成員の生産性	IXa	代理業者ごとの平均新規事業量
X	市場浸透	Xa	資本ごとに有効な保険
		Xb	1,000ドルの保険商品ごとにカバーされた人 (lives) の数

出所: Seashore and Yuchtman, 1967, p.383.
 * 累積量と現在の増加量の両方を含む。
 † 多くの低価値取引対より少ない高価値取引。
 ‡ 物理的施設ではなく, 収支決算報告書の維持管理を参照せよ。

組織環境

　前述の議論から，ここで概念化されたような組織は，クローズド・システムではないということが明らかである。むしろ，組織とは，環境との継続的な相互作用においてオープン・システムとして見なされる。組織と環境間での相互作用の重要性を所与とするならば，イノベーション・プロセスに影響を及ぼすために，もっと十分に組織環境について議論する必要がある。

　複数メンバーからなる採用単位の環境は，2つの異なった方法において重要である。第1に，採用単位が環境との"動的平衡（dynamic equilibrium）"の関係に留まっているかどうかということに反応しなくてはならない強調もしくは圧力の**状況**を，環境の変化が作り出す。このように直接的に関連する環境が安定している時よりも急速に変化している時に，採用単位は，より革新を起こすかもしれない。この意味で，環境は，技術的変化，市場状況，クライアントのニーズおよび需要といったような諸要因を含むのである（Burns and Stalker, 1961を参照）。第2に，もし状況に対する反応が，革新的な**解決策**である場合，環境的規範は，この解決策が暗示する変化を促進したり，しなかったりするかもしれない。このことは，次のことを意味する。実行段階の期間，変化に対する内的だけではなく外的抵抗が発生するかもしれず，また内的および外的に特別利害の連合体（special-interest coalition）が形成されるかもしれない。採用単位が属するより大きな社会的環境が変化を促進する規範を持つ時に，実行が成功する可能性がより高いということが仮説化されるかもしれない（Rogers, 1962を参照）。

　例えば，いくつかの学校システムは，性教育プログラムを導入することによって，カリキュラムを拡張することを試みた。これらのプログラムの革新は，上手くいかないことがよくある。なぜならば，より大きな地域社会の市民グループが，子供の性教育を統制する親の権利の侵害として，そのイノベーションに抵抗するために結束するからである。このように，外部環境の規範は，組織の

3. イノベーションに影響を及ぼす組織の特徴　111

イノベーションを支えてはいないのである。

　Mohr (1969) は，また，革新的**解決**と環境規範の間の関係についての簡潔な分析を提供している。地域の健康局 (local health departments) の間でのイノベーションにおける差異の研究で，Mohrは，その部局が置かれた地域社会を綿密に分析し，革新的解決策が確立された実践（イノベーション）からの逸脱を受け入れるかもしくは抵抗するために，準備される程度を明らかにしようとした。教育と職業を地域社会における社会階級の水準の尺度として採用したところ，少なくともある独立した説明力（偏相関による）を維持するために，職業のみがイノベーションと非常に強く関係していることを，彼が発見している (p.118)。しかしながら，一度地域社会の大きさが考慮されてしまうと，職業水準（ホワイトカラー従業員の程度）は，ほとんど追加的説明力を提供しないのである。それにも拘わらず，Mohrは次のように述べている。

　　イノベーションの程度が，地域社会の規模によって決定されるように思われるのであれば，その理由の一部は，規模と社会的階層の特徴の間の関係にあるかもしれないということを，私たちは心に留めておくだろう。例えば，蓋然性のある水準では，健康管轄区 (jurisdiction) が広ければ広いほど，そしてホワイトカラーの割合が高ければ高いほど，公的プログラムのイノベーションを進んで受け入れることがより多くなる (p.119)。

　複数メンバーの採用単位の環境変化に関する影響を研究する際に，Wilson (1966) による以下の言明に触れることは非常に重要である。「外部の観察者に対して，'客観的に' その組織（採用単位）によってイノベーションを '要求' するように思われる環境変化は，（その組織への参加のベネフィットに関する現在ないしは見込みのコストを変化させることによって）これらの変化がメンバーのインセンティブに対する選好を変えてしまう限りにおいてだけ，そのようなイノベーションに繋がるようである (p.210)」。第2章のプロセス・モデルの観点から，この引用は，代替案の評価もしくは選択にとってとりわけ重要である。ある組

織が環境圧力を新しく取り入れたり,もしくはそれに適応することに失敗したことを主張する外部観察者は,しばしば採用単位の公に示された目標やそれらの目標を達成するために必ず必要となるであろうものによって,しばしば彼らの判断を下すことがある。しかし,Wilsonが指摘しているように,「目標を達成できないことが,イノベーションに繋がるかどうかは,メンバーがその目標(もしくはそれに至る労力)の達成を参加の報酬として見なすかどうかに依存している」(Wilson, 1966, p.210)。例えば,ビジネス会社は,利潤極大化という公式的な目標を有しているのならば,管理職に対する報酬は,好ましい販売地位によって主として築かれるのであるが,販売地位が改善されると期待されない限り,革新的代替案は,実行を選択されないかもしれない。このように,報酬を通じた個人的インセンティブと組織目標との相違は,環境の変化を新しく取り入れ損ねたり,もしくは適応し損ねたりすることを説明する際の1つの重要な要因であるかもしれない。

　Utterbackの研究 (1971a) は,イノベーションにおける組織の有効性についての主要な制約は,要求されたコストでもなければ技術的知識でもないということを示唆することによって,イノベーション・プロセスにおける組織の環境の重要性を強調している。むしろ,主要な制約は,「その外部環境におけるニーズと需要を認識することにおける能力やおそらく積極性と思われる」(p.81)。

　組織が生存可能な社会システムに留まるために組織環境に適応したり,影響を与える必要があることを強調する組織理論には,多くの議論が存在する (Parsons, 1956)。組織が,もし時を超えて効果的でありたいのならば,組織は自らの環境に影響を及ぼし,環境に対しある程度コントロールするようになることを必要とする。Thompson (1967, p.32) はまた,組織は,環境のさまざまな要素への依存を最小化しようと努めていることを指摘した。例えば,製造組織は,特定の構成部品を求めて単一の供給業者に依存することを回避しようと努めるだろう。組織は構成部品の代替供給業者を確保しようと努めるかもしれないし,もしくはその構成部品を自ら生産することを考えるかもしれない。

定義された組織環境[1]

　組織環境に関する理論および実証研究の多くの欠点の1つは，環境もしくは環境を構成する要素を明確に概念化することに失敗していることである (Lawrence and Lorsch, 1967a ; Emery and Trist, 1965)。Pugh et al. (1968) は，起源と歴史，所有権の統制，規模，そして立地のような組織の文脈を研究した。それは，組織構造が展開される設定 (the settings) である。しかしながら，彼らが特定したように，これはある1つの環境におけるある1つの組織のモデルではない。例えば，Lawrence and Lorsch (1967a) は，いかに組織が，環境を関連部門に区分するかを研究したが，彼らは環境もしくはその構造を明確に概念化しなかった。彼らは，また，総合的な実在物として環境を概念化したが，組織外部から環境を見ただけであった (p. 4)。さらにタスク環境のDillのコンセプト (1958) は，その組織の目標設定と目標達成に直接関係するか，もしくは潜在的に直接関係している（顧客，労働者の供給業者，資本，原材料，資源と市場の両方の競争業者，そして規制集団）といった組織の**外部環境の一部にのみ焦点**を当てたのだった。

　そして組織環境は，組織内の個人の意思決定行動において**直接的に考慮に入れられる**物理的および社会的諸要因の総体として定義される。もし環境がこのような方法で定義されるならば，明らかに環境の一部として考慮される必要がある組織的活動の境界線内にいくつかの要素がある。それゆえに，システムの内部および外部環境との間に区別が作られる。

　内部環境は，そのシステム内で個人の意思決定行動を直接的に考慮に入れられる組織もしくは特定の意思決定単位の**境界線内**にあるこれら直接的に関係のある物理的および社会的諸要因から構成されている。例えば，産業組織にとっての内部環境は，その組織を構成するさまざまな部門や人員から構成されるかもしれない。

　外部環境は，そのシステムの個人の意思決定行動において直接的に考慮される組織もしくは特定の意思決定単位の**境界の外**にあるこれらの直接的に関連する物理的および社会的諸要因から構成される。例えば，上記の産業組織の外部

環境は,供給業者,顧客,規制集団等から構成されるだろう。

イノベーションに影響を与えるような環境の構成要素

環境の構成要素に関するより詳細な主たる特徴は,表3－2に示されている。提示された環境構成要素のリストは,産業組織にとってとりわけ関係があり,また組織の他の種類に対しては異なるかもしれない。しかしながら,これは,環境や環境を構成する諸要因をより明確に概念化することによって,既存の研究（Dill, 1958；Lawrence and Lorsch, 1967a；Emery and Trist, 1965）より勝っ

表3－2　組織の内部および外部環境を構成する要因と構成要素

内部環境	外部環境
組織成員の構成要素 a　教育および科学技術的背景とスキル b　以前の科学技術的および管理的スキル c　システムの目標を達成することに対する個々の構成員の関与とコミットメント d　個人間行動様式 e　そのシステム内での利用のための人的資源の入手可能性	**顧客の構成要素** a　製品もしくはサービスの流通業者 b　製品もしくはサービスの実際の使用者 **供給業者の構成要素** a　新しい材料の供給業者 b　備品供給業者 c　製品の部品の供給業者 d　労働の供給
組織の機能単位とスタッフ単位の構成要素 a　組織単位の科学技術的特徴 b　それらの目的を実行することにおける組織単位の相互依存性 c　組織機能単位とスタッフ単位内の単位内コンフリクト d　組織機能単位とスタッフ単位内の単位間コンフリクト	**競争業者の構成要素** a　供給業者に対する競争業者 b　顧客に対する競争業者 **社会政治的構成要素** a　その産業全体におよぶ政府の規制統制 b　産業およびその特定の製品への公的政策の姿勢 c　組織において支配権を伴った労働組合との関係
組織レベルの構成要素 a　組織の目的と目標 b　組織の目標を達成することに対して最大限の貢献をするように個人とグループを統合する統合プロセス c　組織の製品サービスの性質	**技術的構成要素** a　製品もしくはサービスの生産における自身およびその関連産業の新しい科学技術要件への適合 b　その産業における新しい科学技術の進歩を実行することによる新製品の改善と開発の進歩

出所：Duncan, 1972a, p.315.

3. イノベーションに影響を及ぼす組織の特徴

ている。このようなリストは，意思決定の際の情報収集のための指針として機能するように，意思決定単位のために開発されることがある。

特定の意思決定状況のためにその組織の内的もしくは外的環境の部分として，これらすべての構成要素を明らかにすることを期待されるような意思決定者は，いないということが，強調されるべきである。むしろ，環境の構造は，時とともに変化すると予期されている。例えば，ある種の製品を開発する際の課程策定（programming）と計画策定（planning）の意思決定単位の環境は，顧客の需要やマーケティングおよび生産部門に焦点を当てているかもしれない。製品の異なった種類のための課程を計画し開発する際に，意思決定において考慮されるべき直接的に関連する環境は，マーケティングおよび生産部門に加えて，顧客のある異なったグループや，おそらくこの種の製品の支配権をもつ政府の規制代理人（government regulatory agencies with jurisdiction）を含んで変化したかもしれない。意思決定に際して環境のどの側面に焦点を当てるかについてのこの仕様書は，領域の問題を明らかにする。そしてその領域では，意思決定単位のメンバーが，環境のどの側面が意思決定において考慮されるべきであるかを特定しなくてはならない（McWhinney, 1968, p.272）。

その組織が，その意思決定において問題のどの部分が直接関係しているかを考慮しなくてはならないということをその領域の問題が明示しているので，その領域の問題は，イノベーション・プロセスにおいて最も重要である。「イノベーション・プロセスにおいて重要な領域は何か」ということが，問題になるのである。

組織が意思決定に際してその環境をどのように精査するかについて研究することにおいて，Aguilar（1967）は，環境からの異なった種類の情報に関する相対的重要性について調査を行った。Aguilarの調査結果は，表3－3に示されている。それらは，組織にとって最も重要な情報の源泉とは市場であるということを示している。実際，市場からの情報は，すべての反応のうちの58％におよび，それは技術分野から発生した情報の3倍以上の量である。この市場情報の多くの優勢により，Aguilarは，「企業はイノベーションを行うというよ

表3-3 外部情報の全般的データと全管理者の領域に関する相対的重要性（反応率）

外部情報の領域	総回答のパーセント	情報のカテゴリー	総回答のパーセント
市場情報	58	市場の潜在力	30
		構造変化	10
		競争業者と産業	4
		価格設定	4
		販売交渉	6
		顧客	4
科学技術的情報	18※	新製品など	14
		製品問題	2
		費用	1
		ライセンシングと特許	3
主要な発行物	8	全般的な状況	4
		政府の活動など	4
買収のきっかけ	7	吸収合併のきっかけなど	7
他の情報	9	供給業者など	5
		入手可能な資源	2
		その他	2
総パーセンテージ	100		102※
総回答数	190		190

出所：Aguilar, 1967, p.43.
※四捨五入のためのエラー

りもむしろ現在の状況に反応する傾向にある」と結論づけた（p.54）。これらの結果は，このように，組織にとって最も重要な領域は市場であるということを明らかにしている。

　この外部情報や必要性（needs）の重要性は，またBaker et al.（1967）によるアイデア創出に関する研究によっても支持されている。この研究は，イノベーションの**アイデア創出段階**で要求される2種類の情報が存在するということを示している。第1に，組織と関連がある必要性についての何らかの知識が存在しなければならない。第2に，その必要性を充足するための手段もしくは技法

に関する何らかの知識がなければならない (p.156)。大企業の事業部研究室 (divisional laboratory) において生み出された300のアイデアに関する彼らの研究結果から，いくつかのことが解った。必要性の事象 (need events) は，アイデアの75%を刺激しており，一方でそのアイデアの25%は手段に関する知識によって刺激されており，そしてそれからある必要性の知識がそれに従ったのである (p.160)。

アメリカ合衆国の企業のイノベーションに関するMarquis and Myers (1969)の研究と，英国企業のCarter and Williams (1957)の研究はまた，これらの結果を支持している。表3－4は，2つの研究を要約している。イノベーションのための主要な**アイデア**の源泉は，技術要因とは対照的に，マーケティング要因から起因していることが理解され得る。

こうして先行研究から次のようなことが分かった。それは，イノベーションにおいて組織が既存の知識もしくは手段（つまりテクノロジー）を用いたり，新

表3－4 成功した商業的イノベーションの源泉

イノベーションの源泉	イノベーションのパーセンテージ	
	Carter and Williams	Myers and Marquis
借用された（オリジナルではない）	33	23
科学技術的要因		
研究開発部門の成果を用いる願望	18	17
マーケティング要因	32	35
製品の新しい種類または品質を求める顧客の需要	12	
競争の直接的圧力	10	
（ライバルもしくは可能性 [rms] を模倣するか出し抜くこと）		
超過需要を満たすための願望	10	
生産要因	17	23
労働力不足を克服する願望	5	
材料不足を克服する願望	12	
管理上の要因	適用不能	2
合計	100	100

出所：Utterback (1971b：148).
源典：Sumner Myers and D. G. Marquis, *Succesful Commercial Innovations* (Washington, D.C.：National Science Foundation, 1969).
　　　Charles Carter and Bruce R. Williams, *Industry and Technical Progress：Factors Governing the Speed of Application of Science* (London: Oxford University Press, 1957).

しい必要性（つまりアウトプットの需要）を創出しようと試みるという意味で，革新的であるというよりもむしろ，必要性に反応しており，そしてそれによって組織は創造的方法でそのテクノロジーを用いることができるということである。

　また，イノベーションのためのアイデアの源泉は，組織それ自体の外部から生成されるということが，既存研究から明らかである。Mueller (1962) は，DuPont社の25の主要なプロセスおよび製品イノベーションを研究して，56％ (14事例) が組織の外部で考案されたということを示唆している。イノベーションについての157の事例研究に関するMarquis and Myer (1969) の分析は，新しいイノベーションのためのアイデアの61％ (96事例) は，その組織の外部から生まれ出たということを示している。精密機器産業におけるイノベーションに関するUtterback (1971b) の研究によれば，「…32の新しい科学および計測器具のためのアイデアに組み入れられた59個の製品の情報のうち，66％ (39製品) は，そのアイデアを開発した企業の外部から生まれ出たものであったこと」が判った (Utterback, 1971, p.145)。

　また，表3－4から見て取れることではあるのだが，Carter and Williams (1957) の研究 (33％) やMyers and Marquis (1969) の研究 (23％) の両方ともが，イノベーションの僅かな割合しかその企業の外部から採用されていないということを示している。むしろ，イノベーションの大部分は，その企業それ自身による既存のオペレーションにおいて，開発され，テストされ，市場化され，もしくは組み合わされるのである。これらの調査結果は，イノベーションに影響を及ぼすアイデアと情報の源泉が，どのようにその組織外部から生まれ出てくるのかについて，私たちが議論したこれまでの数ページを否定するものではない。むしろ，革新的組織は，それがイノベーションそれ自体を展開するその時より前に，イノベーションのためのアイデアを獲得するために外部の情報源に対しオープンな状態であることが必要であるように思われる。例えば，合衆国および西欧の16の鉄鋼企業に関するMillerの研究はまた，組織はそれらの独自の組織内で開発されたテクノロジーの導入によって革新するのではなく，むしろその企業外部で開発されたテクノロジーによって革新するということを

示した。「イノベーション反応（innovation behavior）は，内的な創造性からというよりもむしろ，環境によって提供された科学技術的可能性を採用し，そして活用する能力の結果として生じるのである」(Miller, 1971, p.107)。

このようにこれまでの議論から，組織とその環境の間の相互作用は，イノベーション・プロセスに非常に重要であるということが明らかである。組織は，継続的に，環境からいくらかの種類の情報を獲得しなくてはならない。第1に，それは，環境が探し求めているその環境によってより容易に受け入れられるイノベーションを要求するかもしれないアウトプットの種類を決定しなければならない（p.120）。第2に，それは，そのイノベーションを生み出すのに必要とされるかもしれないその種のテクノロジーもしくは手段を発見しなくてはならない。つまり，他の組織は何を行っているのか，その組織がこれらのニーズへの反応を助長するために採用するかもしれない既存のイノベーションは存在するのかである。第3に，一度，組織が実際にイノベーションを行うと，イノベーションは環境の需要に適合することにおいて効果的であるのか。ここでは，外部環境からのフィードバックを得ることが，組織にとって必要である。

この議論はまた，イノベーションに向かう勢いを生み出すことにおいて外部環境の重要性を強調している。例えば，組織環境に関するTerreberry（1968）の分析は，次のような主張を展開している。それは，「組織環境の変化は，内的に誘因した変化に対し，外的に誘因した変化の割合を増大させる傾向にある」(pp.591-592) ということである。しかしながら，組織が自らの外部環境にどのように反応するかということを研究することにおいて，外部環境からの情報の収集および処理を促進する組織内部のプロセスに着目することは重要である。このことを決定する点での不可欠な変数とは，組織構造である。以下の節では，私たちは組織構造がイノベーション・プロセスに影響を与えるような，その組織構造の役割に焦点が当てられる。

組織構造とイノベーション

　本節で取り扱われる主題とは，どんな種類の組織構造がイノベーション・プロセスを促進するかである。そして次に，組織構造がイノベーション・プロセスに適用するような組織構造に関するいくつかの文献を簡単に検討し，それから構造とイノベーションに関係する結論をいくつか導き出すことにする。

官僚制組織の特徴[2]

　Weber（1947）によって主に詳述された官僚制組織は，いくつかの重要な特徴を持っている。

1. 個々人が，その人自身と同様に，その個人の部下の意思決定や行為に対する優位性に責任を有するという権威の階層性が存在する。この権威によって，個人は，その人の部下に指示を出す権威を与えられ，そしてその部下たちはこれらの指示に従う義務を持つ（Weber, 1947, p.331）。
2. 組織内の地位の間には，労働の明確な区分が存在しており，そしてそれが，高度の専門性を開発することを可能にする（Weber, 1947, p.331）。
3. 課業の成果の均一性と継続性を保証する開発されたルールと手順のシステムがある（Weber, 1947, p.330）。
4. 個人は，非人格的な方法で自らの課業を遂行するが，その非人格的方法によって，個人的考慮が彼らの行為に影響を及ぼすことを妨げる（Weber, 1947, p.340 ; Blau, 1956, p.30）。
5. 組織内の従業員は，技術的資格に基づいて決定され，そして職業を構成する（Weber, 1947, p.334）。

　Weber主義者の見解からすると，組織の官僚制のタイプは，この意味において技術的に「最高水準の効率性を達成する能力があり，また人間に対して強制的な統制を実行するという，これにおいては公式的には最も合理的に知られた

手段である」(Weber, 1947, p.337)。

　Weberは，経験的というよりもむしろ理想型として官僚制組織を分析していた。このように，この理想型の概念化は，既存の官僚制組織のすべての属性の平均を表しているのではない。むしろそれは，最も特徴的な組織の官僚制の側面を抽象化することによって，純粋な種類として得られている（Blau and Scott, 1962, p.33）。

　ほとんどの現代の組織理論家は，官僚制は次元的（dimensional）であり，組織によって変化すると見なされるべきであると述べている。Hall (1962) は，官僚制に関する彼の経験的評価において6つの次元を考察した。それらの次元は以下のとおりである。

1．機能的な専門化に基づいた分業
2．十分に定義された権威の階層
3．地位のある現職者の権利と義務をカバーするルールのシステム
4．労働状況を取り扱うための手順のシステム
5．個人間関係の非人格性
6．技術的能力に基づいた従業員の昇進と選抜 (p.33)

　彼は，官僚制の特徴が高度に相互に関係しているわけではない，つまり，「すべてのある次元での高度に官僚化された組織でも，必ずしも別の次元ではそうではない」ということを発見した (p.34)。また，各次元の存在は，存在するかもしくは存在しないかという二分法で存在しているのではなくむしろ，ある連続体にまたがっているのである (p.37)。

イノベーションのための官僚制組織の制限

　非公式的組織を考慮していないというような問題から（Blau, 1956），ルールの過剰な特定化（Selznick, 1949）に至るまで，Weberの官僚制モデルに関するさまざまな批判が存在してきた。しかしながら，この議論において，ここでは，さまざまな批判が組織の革新する能力を減少させてしまうことに特に関係して

いる批判にのみ,焦点を当てることにする。

独裁的コンセプト (Monocratic Concept)

Thompson (1969, pp.15-16) が指摘したように,官僚制モデルや組織の主要な問題の1つとは,組織の**独裁的**コンセプトである。これは以下のことを含んでいる。①地位,能力,組織に対する貢献,そして報酬の点で組織の参加者間での大きな不平等が存在する。②組織のテクノロジーは単純で,ほんの数人の理解の中に存在する。③組織のトップにいる人は全知全能であると想定されていて,組織内のすべての命令を発令する。④これらの命令は部下の継承的レベルによって,より下位に向かって明確にされ,その結果,委任プロセスができあがる。⑤組織においては正当的な権威の源泉はたった1つしか存在しないがゆえに,コンフリクトは正統的とはみなされず,そしてこのように交渉連合体 (bargaining coalitions) や他のコンフリクト解決活動は非正統的 (illegitimate) なのである (Thompson, 1969, p.16)。

Thompson (1961, p.6) は,意思決定を行うための権限(地位に基づいた権限)と意思決定のための能力(技術的能力に基づいた権限)の間の拡大しつつあるギャップとコンフリクトを記述する際に,上記の3つの点についてさらに詳しく述べている。このギャップは,技術的変化のために増大しつつあり,その技術的変化はより細かい専門化に繋がり,また階層的役割についての文化的定義の変化よりもさらにすばやい率で発生する (Thompson, 1961, p.6)。この結果として,権限という権利と能力およびスキルの間の拡大しつつある不均衡は,システムの緊張や不安定を生み出し,そして組織に深刻な影響を与える。これらの不安定は,しばしば以下のように言い換えることができる。①統制のための必要性,②ルールへの過度の依存,③人間関係の誇張された無関心,④変化への過度の抵抗である。Thompson (1961, pp.152-177) は,この一定の行動様式を**官僚主義的行動**と呼んでいる。

コンフリクトに対処するためのメカニズムの欠如

　さまざまな理論家は，個人（Zaltman and Brooker, 1971 ; Rogers and Shoemaker, 1971）と組織（Burns and Stalker, 1961 ; Wilson, 1966 ; Lynton, 1969）の双方におけるイノベーション・プロセスの重要な特徴とは，コンフリクトを取り扱うことであると指摘してきた。イノベーションと変化は，現状を変えることを含むのである。このことは結果的に，イノベーションを求めて努力する人々とイノベーションに抵抗する人々の間の何らかのコンフリクトで終わることがよくある。

　そしてまた，イノベーションの重要な構成要素である創造プロセスは，関与する個人間での多様性が存在する場合に最もうまく作用する。異なった背景を持ったさまざまな個人がいることが，よりさまざまなインプットを創造プロセスにもたらすようである（Hoffman and Maier, 1961）。Wilson（1966, p.200）は，組織の課業構造における多様性が高まれば高まるほど，イノベーションが生み出される可能性が高くなり，それ故に，課業構造が高度に複雑な時，人々がイノベーションを起こすためのより多くの自由を持つという結果を伴って，綿密に個人を監視することはより困難であると仮定した。しかしながら，個人の背景とその期待における異質性を所与とするならば，コンフリクトが発生する可能性はより高くなるのである。

　March and Simon（1958, p.153）は，また次のように指摘した。ある下位単位の個人によって受け取られた情報は，しばしばその組織の他の下位単位の個人によって受け取られたものと異なるために，複雑性はコンフリクトを引き起こす。専門化された単位の個人に送られた情報は，受け手の組織所在（organizational location）や受け手の職業的志向に従ってろ過され，また構造化される。本章の後半のセクションでは，組織がどのようにコンフリクトを取り扱い，またより識別された構成要素を統合するのかということについて記述される。

確実性に対する過度の強調 (The Overemphasis on Certainty)

　第2章で意思決定モデルについての議論をした際に，私たちは，合理的楽観的モデルを批判した。それは，そのモデルが確実性を強調し，究極的な選択がさまざまな代替肢の間でなされる以前に，すべての代替肢やその結果を考慮する必要性を特定化しているからである。より多くの官僚制組織は，意思決定環境におけるこの確実性の仮定の下で活動している。組織の意思決定者は，彼らが探索していることすべてを理解していると想定されている。探索は，探索の限界費用 (margin cost) が発見された代替肢において限界収益点 (marginal improvement) を上回り始める前まで，それが継続されるべきであるというルールによって規定されている (March and Simon, 1958, p.141)。しかしながら，このルールは，イノベーションの状況ではあまり適用できない。なぜなら，意思決定者は，しばしば彼らが確かに必要としていることについてそれほど確信を持っていないからである。多くの事例において，組織は，何らかの直接の問題やそれが直面している危機のために，イノベーションを探し求める。組織はしばしば，不確実性が高いために，今までその問題を取り扱わなかった。事前に確立された決定ルールは，不適切であるかもしれず，だから新しいルールや手順が開発されるのである。このように，革新的組織の重大な特徴は，不確実性を取り扱い，そしてその意思決定機関において役に立つイノベーションを提示するためのその能力である。例えば，アメリカ合衆国とヨーロッパの鉄鋼企業におけるイノベーションに関するMillerの研究では，革新的組織は，環境の変動を予測するために絶えず環境を調べており，また環境とのそれらの関係において時を超えて絶えず漸進的調査をするということが明らかにされた (Miller, 1971, p.45)。このように変化して止まない不確実性に対するこの断続的な適応は，組織が環境の変化し続けるコンティンジェンシーについて絶え間なく学習するということを要求する。大多数の組織，とりわけ何らかのイノベーションを行おうと試みる組織にとって，不確実性は，組織が機能する重要な業務遂行条件 (operating condition) である。

　官僚制モデルに関するLitwak (1961) の批判において，彼は，組織は，それ

が行動コースを事前設計し得ないだろういくつかの不統一な出来事（つまり不確実性）に遭遇することがあることを示唆している。官僚的組織は，故意にその利害関係から非統一な出来事を計画的に排除することはない。むしろ具体的な事前計画化を強調するあまり，非統一で不確実な状況が発生したとき，それらに対処するのを妨げるかもしれないルールもしくは手順を生み出すかもしれない。例えば，管理者が組織の最上階層とコミュニケーションを交わす際に使用することができるコミュニケーションの特定的チャネルが特定化されるかもしれない。しかしながら，その管理者は，彼の業務単位において何らかの予期し得ぬ需要を経験するかもしれない。情報を獲得する正規のチャネルを経る新しい需要に反応するのに十分な時間を持っていないかもしれない。もし組織のルールが，適切なチャネルを通過することに関して非常に特定的であるならば，予期せぬ状況に適応するための管理者の能力は限定される。

組織構造の修正された見解

次に，官僚制モデルに関わる主要な問題の1つは，組織化するための1つの最良の方法が存在するという仮定であり，それは組織が直面する全ての状況に適応するというものである。また，この仮定は，イノベーションについて議論する際にいくつかの問題を孕んでいる。それは，構造の正に官僚的種類が，イノベーション・プロセスの種々の始動および実行段階に適していないかもしれないからである。本節では，私たちは組織構造に関する幾分修正した見解を提示し，次に，この概念化を使用してイノベーション研究のいくつかを考察する。

本章の前半では，イノベーション・プロセスの期間に組織が遂行しなくてはならない重要な機能とは，環境からの情報収集および処理であるということが強調された。組織構造は，ここでは，当該組織の情報処理能力の効果を決定する極めて重要な変数として見なされる。

組織のサイバネティックな（制御工学的な）
コンセプト（The Cybernetic Conception of Organization）

　Cadwallader (1959), Deutsch (1963), そしてDuncan (1973) によって提示された組織のサイバネティックな（制御工学的な）概念化は，ここでは構造の役割を理解する際に有用である。それは，組織の一般化された概念と情報およびコミュニケーションの一般化された概念とを結びつける。この概念化に際して，社会的システムとは，情報の相互コミュニケーションによってほぼ完全に結びつけられた要素のセットである。ここでの必要不可欠なポイントとは，機械的なシステムの構成要素間の関係が，時空間の考慮要因の主要な関数であり，またある構成要素から別の構成要素へのエネルギーの伝達であるけれども，複雑な組織の中の構成要素間での相互関係が，情報の伝達にますます依存するようになるということである。すべての社会システムは，情報の流れによって統合されるコミュニケーション・ネットワークである。Miller (1965, p.349) も，次のように指摘している。すべてのサブシステムは，情報の伝達によって調節され，またそのシステムは，情報のインプットやアウトプットによって環境との関係を維持するのである。例えば，組織において，それを構成する個人や下位グループ間の相互関係は，パワーおよび権威関係，役割要求（role demands）についての情報の伝達や，現在の成果がその組織の産出要件を満たしているかどうかに依存している。もし情報の流れが適切に機能していないのであるならば，その時，パワーおよび権威関係，役割要求についてあいまいさが存在するかもしれなく，そしてそのあいまいさが故に，組織の要素の相互関係は，阻害され，その結果，その効果は最大にはならないのである。例えば，Kahn et al. (1964) は，個人が彼らに期待されたことに関してあいまいさを経験した時，その人達は仕事に対して緊張を覚えるということを発見した。

　本章の前半で指摘したように，組織は，環境との絶え間のない相互作用や環境に適応するために，時には構造を変化させる必要性によって特徴づけられたオープン・システムとして見なされる。構造における変化を通じて存続するためのこの重要な能力は，一般システム理論家が超安定性（ultrastability）と呼

ぶものである (Cadwal-lader, 1969)。それゆえに、組織におけるイノベーション・プロセスをさらに理解するためには、組織が革新するような組織構造を作り上げたり、もしくは変化させる傾向にあるこれらの形態形成プロセスに焦点を当てる必要がある。

柔軟性-安定性のジレンマ (The Flexibility-Stability Dilemma)

組織は、その機能を発揮することにおいて、安定性だけではなく何らかの柔軟性を示さなくてはならず、それ故に組織は新しい状況が発生すると、それらに適応するために現在の実践を修正するかもしれない。これらの2つの戦略において何らかの形で妥協がなければ、システムが柔軟で安定的であるというこの要件は、相互に排他的であるかもしれない。安定性を組織的に機能させるようにする正にそのプロセスによって、システムは状況が変化した際に適応するための柔軟性を欠いてしまうことになることがよくある。Merton (1940) と Blau (1960) のいずれもが、いかにしてルールと手順が、それら自身の目的となってしまうのか、そしてシステムは、新しい予期せぬ状況が発生した場合にそれらに適合することができなくなるかということを示したのだった。Chandler (1962) の産業組織の歴史的分析は、巨大企業が自らの環境変化に対応する際に抱える困難について指摘している。トップ・マネジメントの更送があり、そしてその結果、過去の実践に束縛されていない個人がイノベーションを遂行できない限り、必要不可欠な構造的イノベーションが、所与の組織において実行されないことがしばしばある。

このように、安定性と柔軟性に対するこの2つの要件は、相互に排他的であり得る。しかしながら、Weick (1969, p.39) が指摘したように、組織は、活動の構造化の中で柔軟性と安定性を交替に繰り返し、そして組織の異なった部分においてこれら2つの形式を同時に表現することによって、この安定性-柔軟性のジレンマを解決することが可能である。このように組織は、柔軟的かつ安定的であることが可能である。

例えば、Shepard (1967) は、第二次大戦中、軍事的攻撃単位は、いかに二

者択一的形相を使用したかを議論した。

　攻撃前の計画立案は，部隊全体によって一緒になされた。兵卒は，大佐と同様に，計画立案に貢献するための多くの機会を持っていた。攻撃の最中，戦術的部隊単位は，厳格な軍隊の命令システムの下で軍事行動を行った。各攻撃に続いて，その部隊は，各攻撃からの学習を評価し最大化するという目的のために，計画立案の際に用いられたオープン・システムへと立ち返った (pp.474-475)。

組織のコンティンジェンシー理論 (Contingency Theories of Organization)

　以上の議論から得られた示唆は，組織化するための1つの最良の方法は存在しないということである。むしろ，そこには，組織が直面している状況のタイプに応じて，偶発的である組織が直面するかもしれないさまざまな構造的配置連関が存在するかもしれないのである。この見解の合理性は，Bavelas (1950)，Guetzkow and Simon (1955)，Guetzkow and Dill (1957) のコミュニケーション網研究に基づいている。これらの小規模集団の実験は，高度に中央集権化されたネットワーク（あるメンバーが他のメンバーよりも多くのチャネルと情報を持つ）は，日常的な問題解決について満足すべきパフォーマンスを助長するということを発見した。中央集権化の程度の低いネットワーク（すべてのメンバーが同数のチャネルを共有し，同じ量の情報にアクセスする）は，革新的な非日常的問題解決を助長するのである (Collins and Guetzkow, 1964)。

　Burns and Stalker (1961) は，異なった種類の組織構造が，異なった状況において有効であるかもしれないということを指摘した最初の研究者であった。彼らのエレクトロニクス（電子工学機器）産業の科学技術的イノベーション研究は，企業を特徴づける管理もしくは組織構造の2つの種類を明らかにした。機械的構造は，むしろ安定状態のもとで稼働している組織において見られたが，一方で有機的構造は，不安定状況の下で最も良く存在するのである。これらの2つの組織形態の特徴は，表3-5に示されている。

3．イノベーションに影響を及ぼす組織の特徴

表3－5　機械的および有機的組織形態

機械的	有機的
1．課業は，非常に専門化された抽象的単位に分けられる	1．課業は，下位単位に分解されるが，組織の全課業に対する関係は，さらにずっと明確である
2．課業は，厳密に定義されたまま残る	2．組織構成員の相互作用を通じた課業の調整と継続した再定義が存在する
3．個人の機能的役割のみに関連した責任についての特定的定義	3．個人の職能的役割を超えて広がる組織に対する責任とコミットメントのより広範な受容
4．統制と権威の厳密な階層性	4．統制と権威の拘束力を与えるもののより低い階層性は想定された利害関係の共同体により多く由来する
5．すべての問題に関する知識の点において全知全能であると仮定された公式的なリーダー	5．すべての問題に関する知識において全知全能であるとは仮定されていない公式的なリーダー
6．コミュニケーションは，上司と部下の間で主に垂直的である	6．コミュニケーションは，異なる階級の人間の間で水平的であり，命令というよりも，むしろ相談に類似している
7．コミュニケーションの内容は，上司によって発令された訓令や意思決定である	7．コミュニケーションの内容は，情報やアドバイスである
8．組織や上司に対する忠誠心や服従は，高く評価される	8．課業に対するコミットメントや企業の発展および拡大は，高く評価される
9．組織それ自身との同一化と結びついた重要性や威信	9．より大きな環境における協力関係（affiliations）や専門的知識と結びついた重要性や威信

出所：Burns and Stalker, 1961, pp.119-122.

　管理の有機的システムは，急速に変化している環境や再方向づけタイプのイノベーションにより適している。なぜならば，ここでの不確実性や組織の結果的に生じる情報の必要性は，高くなるかもしれないからである。表3－5から，意思決定およびコミュニケーション・プロセスにおいて組織メンバーの参加者

が増えることによって有機的構造は，より多くの情報収集と組織のニーズを処理することを手助けするようであるということが読み取れるのである。

　Lawrence and Lorsch（1967a）は，同一の産業環境において業務を遂行している6つの組織の比較研究において，これらの組織内での販売，調査，そして生産単位が，それらの公式的な構造の点でそれぞれ異なるということを発見した。彼らは，より確かな下位環境を伴った生産単位が最も高度な構造を持っている傾向にあり，販売は，2番目に高度な水準の構造をもっており，最も高い不確実性を経験した基礎研究単位は，最も低い公式的構造を所有していることを発見した（Lawrence and Lorsch, 1967a, p.18）。イノベーションの始動段階に責任がある基礎研究集団は，このようにイノベーション・プロセスの実行段階で重要である組織の他のセグメントとは組織構造の異なったタイプを要求するのである。

　製造および研究開発組織における意思決定集団に関するDuncan（1973）の研究は，組織構造の差別化の概念についてさらに詳細に述べている。Burns and Stalker（1961）やLawrence and Lorsch（1967a）の経験的研究や，Litwak（1961）やArgyris（1964a）の理論的な研究といったような他の組織論者は，組織の部分が異なれば，組織の構造も異なるかもしれないということを指摘した。Dancan（1973）の研究は，その組織の同じ意思決定単位であっても，時間の異なる地点では異なった種類の組織構造を採るかもしれないということを示した。

　構造は，5つの次元の観点で概念化され，また測定される。それは，権威（authority）の階層性，意思決定の非人間性の程度，意思決定への参加の程度，特定のルールと手順の程度，分業の範囲である。これらの次元は，意思決定構造を構成する。これらの次元が高度に組み立てられるとき，コミュニケーション・チャネルとその単位内で入手可能な情報量は制限される。環境が動態的で，知覚された環境の不確実性が高く，そして新しい情報を獲得したり，処理することを求めた結果として生じる高度な必要性が存在するとき，このことはとりわけ重要である。高い環境不確定性や変化に対処する際に，権威の階層性を強

く強調することで，意思決定単位のメンバーは，特定されたコミュニケーション・チャネルに固執したり，彼らの仕事について肯定的な情報のみを選択してフィードバックすることがある。彼らは，このように実際に組織単位がよりよく適応できるように手助けしてくれるどのようなネガティブ・フィードバックをも無視するかもしれないのである (Read, 1962)。新しい情報のインプットが，環境の不確実性に適応するために必要とされる時に，厳密なルールや手順，そして分業を徹底的に強調することによって，その単位は新しい情報源を探索することをできなくなるかもしれない。そして，そのことは，ルールや手順が先だって開発された際には予測されていなかったかもしれないのである。

意思決定単位の環境がより確実である時，それにも拘わらず，意思決定単位への情報の要求が最小であり，そしてそれは，以前に確立されたルールおよび手順，適切に特定化された分業などに頼ることによって，その環境により素早く反応することが可能になるのである。このより厳格に構造化されたピラミッド型の意思決定構造は，緩やかに構造化されたものの上では，次のような時に好まれる。それは，(1) 時間が最も重要であるとき，(2) 日常的な意思決定の実例において，(3) 環境の要求が明確であり，それらの含意が明確であるとき，(4) 組織の状況が環境からの最も小さな変化要件を伴うクローズド・システムの状況に近似している時，である (Thompson and Tuden, 1959および Katz and Kahn, 1966を参照せよ)。

Duncan (1973) の研究結果は，意思決定単位は，日常的および非日常的な意思決定を取り扱う際に，時間の経過とともに構造において柔軟性と安定性を交互に採用しており，そしてこれは環境の変化もしくは知覚された環境の不確実性に従って行われることを明らかにしている。高い不確実性（革新的状況）を経験する意思決定単位は，彼らの日常的および非日常的な（革新的な）意思決定構造において最も大きな相違を示しており，そしてそのことは，意思決定単位全体の有効性と関係している。このように，不確実性が高い時，意思決定単位は，情報収集と高い不確実性を伴う要件を処理することを取り扱う意思決定手順を弁別するのである。

第2章の連続プロセス・モデルの見解では，Duncanが高い環境的不確実性の下での"非日常的意思決定"と呼ぶものが，革新的状況に関するHarvey and Mills (1970) の見解と矛盾しないということが強調されるべきである。つまり，同様に日常的な意思決定は日常的な状況の概念と矛盾しないのである。
　Duncan (1973) は，本書においてイノベーション・プロセスにおける始動の主要段階と呼ばれるものに焦点を当てている。すなわち，彼は意思決定単位の異なる構造を要求する環境条件（知覚された不確実性に関して）を明らかにしている。Shepard (1967) もまた，交互の配列についての現象について議論している。しかしながらこの事例では，交互の配列（「周期性」）は，始動段階だけで起こるのではなくイノベーション・プロセスの始動段階と実行段階の間で生じるのである。Shepardは，これらのうち前者に対し以下のように述べている。

　…多様で異質な人間が寄与し，また多くの代替案が探索されるように，開放性という特性が必要とされる。しかしながら，実行のためには，まったく異なる特性が必要とされるかもしれない。すなわち，目的の単一性，職能上の分業，責任と権威，規律，内部コミュニケーションに境界線を引くこと等である (p.474)。

　Coughlan et al. (1972) の学校に関する調査研究はまた，分権化された集団的意思決定構造が，イノベーションの余地がある領域を明らかにするために，イノベーション・プロセスの始動段階で用いられることがあるということを指摘した。さらにまた，相対的に集権化された権威構造は，実行段階で用いられることがあるかもしれない。
　この最終節では，組織を構造化するための1つの最良のフォームは存在しないということが明らかになった。むしろ，私たちは，1つの状況から次の状況へと変化するかもしれないさまざまな次元から構成されるようなものとして，組織構造を理解することがより適切であるということを指摘した。私たちは，

イノベーション・プロセスに関連するような組織の特筆すべき特徴のいくつかについて，次に議論することになるだろう。

イノベーション・プロセスに影響を及ぼすような組織の特徴
複雑性（Complexity）

　組織の複雑性の程度は，イノベーション・プロセスにさまざまな影響を及ぼす可能性がある。複雑性は，ここでは，とても区別された課業構造を伴った（Wilson, 1966, p.200）組織の職業的専門（occupational specialties）の数や専門職業意識（their professionalism）（Hage and Aiken, 1970, p.33）として定義される。高度に複雑な組織では，アウトプットもしくはテクノロジー（アウトプットが生み出されるプロセスである）のどちらかが高度に特定化されていないかもしれない。Wilson（1966, p.201）が指摘したように，個々人は，彼らの課業を彼らのニーズに適合させるように調整する何らかの許容範囲を持っている。個別の課業が定義されるかもしれない多様な特質を所与とすると，綿密な監視が行われることは非常に困難になる。管理監督者は，単に各々のメンバーに対して仕事を割り当てる特定の方法がわからないかもしれない。その結果，個人がイノベーションのための余地を発見するより多くの機会を持つことになる。

　専門職意識を持った職業的専門の数がかなり多くなると，組織の個人はその仕事に用いる特定の知識および情報に高い価値を置くようになる。職業の背景におけるこの多様性は，伝達すべき（to bear）さまざまな情報源をもたらすかもしれず，そしてその多様性は，始動段階でのイノベーションの認識もしくは知識を促進するかもしれない。これらのさまざまな情報源は，情報のさまざまな種類がその組織にとって入手可能になるための機会を純粋に増加させる。例えば，Peltz and Andrews（1966）は，参加者の学問的背景における幅広い多様性を持った科学的集団は，より独創的に生産的であることに気づいた。また，異なった課業を遂行する異なった職業的背景を持ったこれらの個人は，その組織が行うべきことについて異なった期待をもたらすことになる。その結果は，参加者の一部によって明らかにされた成果ギャップが存在するかもしれないと

いうことである。しかしながら，期待が異なれば，なされるべきことかまたはなされるべきではないことについてのより多くのコンフリクトが存在するかもしれない (Burns and Stalker, 1961)。Wilson (1966, pp.200-204) は，組織における高度な多様性は組織のメンバーがより多くのイノベーションを受け取ったり提案したりするが，これらのイノベーションを採用しないことに繋がるということを指摘した。Wilsonの議論は，高度な多様性（複雑性）は，権威の中のある１つの源泉がたくさんある提案のうちのどれが実行されるべきかに関して何らかのコンセンサスが同意へと至ることを困難にするということである。このように，イノベーションの知覚を探索することと実行の間には基本的なコンフリクトが存在するように思われる。この組織的ジレンマは，Sapolskyの百貨店のイノベーション研究（1967）の中で明確に提示されていた。小売管理者（retail controller）の役割についての専門化度の増大に関わる報酬構造の多様性は，購買および販売機能を分離する提案やマーチャンダイジングにおけるコンピューターの使用，PERTのような洗練された意思決定技術の使用や商品問題におけるオペレーションズ・リサーチの使用に繋がるのである。しかしながら，百貨店の構造上の配置や分権化された意思決定権威の多様性，そして多くの同じ状態にある下位単位の存在によって，これらの提案されたイノベーションの実行は阻まれたのであった (Sapolsky, 1967, p.509)。Carrollの医療学校におけるイノベーション研究（1967）もまた，組織の単位における多様性は，イノベーションの提案に繋がるが，それらの提案が組織に実際に受け入れられ実行されるには，より集権化された権威が要求されるという考え方を支持している。

しかしながら，Hage and Aikenの16の社会福祉組織におけるプログラム変更の研究（1967）は，これらの結果と幾分矛盾する。彼らは，複雑性の尺度（職業上の専門の数 $r=0.48$，超組織的な専門的活動の量 $r=0.37$，そして専門的訓練の量 $r=0.14$）とこれらの社会福祉組織における新規プログラムもしくはサービスの**実際の採用**の間でのかなり強い相関関係を発見した。しかしながら，彼らは，職業の多様性が作り出す可能性のあるコンフリクトのために，プログラ

ム変更と表現上の関係との割合の間に負の関係（r = -0.17）を発見した。

彼らの研究は，高度に多様性のある集団を統合し，そしてそれらの間にあるコンフリクトを削減するためのメカニズムを特に調査したわけではない。しかしながら，それは，これらのメカニズムによって，高度に複雑な組織はイノベーションを導入するだけではなく，実行に移すことができるということであるかもしれない。この見解は，Lawrence and Lorschの研究（1967, p.30）と一致する。彼らの研究は，効果的な高度に多様化した組織は，特定のサブシステムを所有しており，そのサブシステムの主要な機能とは，高度な多様性を持った単位間でのコンフリクトを調整し，また処理するための統合的単位として働くことを発見した。私たちは，本章の後の部分で，コンフリクトを取り扱うための特定のメカニズムについて議論する。

Cooke[3]は，複雑性とイノベーションの採用の関係についてのHage and Aikenの研究（1967）における正の関係に対して幾分異なった説明を与えている。高度な複雑性は，組織内で提案されるかもしくは採用されたイノベーションの数を急激に増加させる。一方で，低い複雑性は，イノベーションの実行を促す。Cookeによると，このことは，複雑な組織において導入された多くのイノベーションは，決して実行されることはないが，それほど複雑ではない組織におけるイノベーションのかなり高い比率が，それらのシステム内で導入されているということを示唆している。しかしながら，複雑性と始動の間の正の関係は，複雑性と実行の負の関係よりもひょっとしたら高いかもしれない。このように複雑な組織は，実際にはより多くのイノベーションが導入された結果として，単純により多くのイノベーションを実行するかもしれないのである。

どのような出来事においても，前述した議論から，組織の複雑性は，イノベーション・プロセスのさまざまな段階で肯定的および潜在的に否定的な効果の両方ともを持ち得るようである。**始動段階**では，高度に多様な組織は，明らかに，イノベーションの認識と知識およびイノベーションのための一般的な提案を増大させることができるものを伝達するために，さまざまな情報と知識の基礎をもたらすことができるのである。しかしながら，**実行段階**では，潜在的

コンフリクトのため，高度な複雑性によって組織が実際にイノベーションを実行することがさらに困難になるのである。

複雑性のジレンマに関して実践者のための戦略的示唆がいくつかある。第1に，組織の多様性もしくは組織の下位グループは，始動段階の間，提案されたイノベーションの数を増大させるために，増やされるかもしれない。例えば，あるプロジェクト・グループは，新しい製品イノベーションを開発するために，数人のエンジニア，生産管理者，マーケティング管理者から構成されるかもしれない。異なった情報源を持ったこのグループの異質な背景は，多くの新しい提案を生み出すかもしれない。実行のためにいくつかの提案を選択するのを促進するのに，チーム構築活動を用いてもよい。エンジニアや管理者たちが，あるイノベーション提案を実行しようと試みる際に経験するであろうコンフリクトや不同意を率直に処理するために，チーム構築は，プロジェクト・グループが彼らの個人間のスキルおよび信頼を発展させることができるだろう（Beckhard, 1969）。

第2に，高度に創造的なイノベーション・プロセスの始動段階は，非常に多様な背景を伴った個人を取り混ぜた高度に複雑なグループによって，再度実行されるかもしれない。次に，実行のために所与の提案を選択する異ったあまり複雑ではない単位に対して，さまざまなイノベーション提案が提示されるかもしれない。例えば，高度に多様な研究開発単位は，ある組織において生産プロセスを変化させるために，あるイノベーション提案を生み出すかもしれない。これらのさまざまな提案は，次により多様性の少ない製造部門に提示され得る。そしてその製造部門は，多様な背景を持った個人が，自らの課業をどのように見るかということにおけるより大きな潜在的総意のために，実行のための提案をよりすばやく，よりコンフリクトを少ない形で選択することができるであろう。

公式化（Formalization）

公式化によって，私たちは，ある業務を遂行する際に特定のルールや手順に

3. イノベーションに影響を及ぼす組織の特徴　137

従って，その組織内部に配置される重要とされるものを強調する。その仮定は，厳格なルールや手順に関する厳格な強調によって，組織の意思決定者は新しい情報源を探索することを妨げられるかもしれないということである。このように意思決定者が，より潜在的イノベーションに気づくようになったり，もしくは組織が物事を行う方法についての成果ギャップを識別するための機会は単純に少なくなるのである。いくつかの事例では，成果ギャップは，組織や下位単位が行っていることと参加者が知覚しているそれが行うべきこととの間で識別されるかもしれないが，組織によって特定化されたルールと手順によって，意思決定者が矯正的な行為をすることができなくなってしまうのである。最終的な結果として，関与した個人は何らかの役割葛藤（role conflict）を経験する。彼らは成果ギャップが発生するとそれらを低減するということに関する役割期待を満たすことと，組織によって特定されたルールや手順に従ってこのことを行うということの両方を期待される。

　この古典的事例は，組み立てラインの作業長が，彼のラインの増大した品質管理要求を満たそうと努める際に，最終製品の構成部品のいくつかで修正をしなくてはならない状況なのである。特定のルールと手順は，次のように表すことができるかもしれない。修正が構成部品において必要とされる時，この要求は，エンジニアリング部門に申し送りされるべきであり，そしてこの部門はそれを評価し，今度はその構成部品を作っているこれらの部門に指示を送るのである。しかしながら，組み立てラインの作業長は，彼自身の部門にその構成部品の修正を行わせるという増大した生産要求のために，品質改善を行う時間的切迫の下に置かれているかもしれない。このように，成果ギャップを減少させるために，個人は，組織において設定された特定のルールと手順のいくつかを破らなくてはならない。個人は，このように何らかの役割葛藤や結果として生じる圧力やストレスを経験するようである（Kahn et al., 1964）。

　公式化とイノベーションの間の関係について議論する際に，イノベーション・プロセスの特定の段階を改めて考慮する必要がある。例えばShepard（1967, p.474）は，低い公式化は，始動段階では最も適しているかもしれないが，一方

でより高い公式化の程度は,実行段階により適しているかもしれないということを示唆した。**始動**段階では,組織は新しい情報源や代替的行動コースに対して可能な限り柔軟であり,開かれていることを必要とする。多くのルールや手順は,組織が管理しなくてはならない抑制手段となるかもしれない。これは,福祉組織に関するHage and Aikeの研究(1967, p.511)が,職務の成文化とプログラム変更の間の負の関係 (r = −0.47) の発見をもたらしたケースであるように思われる。

実行段階では,Shepard (1967, p.474) は,目的の単一性が要求されることを指摘している。イノベーションを実践に組み入れるために,巨大産業組織におけるオペレーション・リサーチ (訳者注:operationはoperations＜複数形＞かoperationalの誤りではないかと考える)－管理科学活動 (operation research-management science activities) の成功的実行に関するNeal and Radnor (1971) の研究は,「…全体的政策および手続き上のガイドラインの確立とOR (オペレーションズ・リサーチ) ／MS (管理科学) グループの成功との間の著しく強い正の関係」を指摘した (p.22)。OR／MSにおける公式化プロセスに関する別の研究では,Radnor and Neal (1971) は,1968年と次の1970年の研究で108の巨大産業企業では,実行のために特定の手順が確立されていたということを発見した。彼らは,経過した2年で,OR／MS職員の構成は,主に専門的な科学者もしくはOR／MSの専門家 (ビジネス組織にやってくる以前にOR／MSの特定の訓練を積んだ人々) から,組織の人間 (その組織の中で移動したり,OR／MSの職へと後で移動した人々) へと変化したということを発見した (Randor and Neal, 1971, pp.4-6)。その結果は,OR／MS職員の間には,より大きな組織志向が存在しているということである。つまり,彼らは組織のニーズをよりよく理解しており,そしてこのようにより現実的で有用な応用を試みたのである。

彼らは,また,他の特定の公式化された手順が実行を促すために開発されたということを発見した。これらの手順は,公式的な事業計画の選択,長期計画,予定管理 (scheduling),そして定期的な進捗報告のような諸要素をカバーする (Radnor and Neal, 1971, p.19)。公式化の手順は,OR／MS活動を実行するこ

とに関する問題を減少させたように思われる。明らかに，彼らが識別した公式化された手順は，イノベーションを活用するために組織の個人の能力を助長する情報と特定のテクニックの両方を提供する。実行段階でのこれらのより公式化された手順の欠如は，役割葛藤と役割のあいまいさの両方に繋がるかもしれない。より多くの公式的な手順がないと，個人はそのイノベーションがどのように実行されるべきであるか，またこの新しいイノベーションは彼が自らの仕事を行う方法にどのように影響を及ぼすかについて不明確であるように思われるが故に，役割のあいまいさが，結果として生じるのかもしれない。そのイノベーションがどのように実行されるかについての特定の手順の欠如が，既存のルールや手順とのコンフリクトに繋がることがあることで，役割葛藤がまた発生するかもしれない。

　例えば，新しく，より中央集権化されたマネジメント情報システムが，ある組織に導入されたかもしれない。事前に，情報チャネルは，適切に組織化されていない情報システムを伴った状態で，分散化され，そして非公式的であったかもしれない。新しい情報システムは，このように旧式のものから著しく変化しているのである。成功裡に実行されるためには，極めて特定的な手順が職員に伝達されることが必要であり，その結果，彼らは，より中央集権化されたコミュニケーション・システムを活用することを期待されているということを知るのである。彼らは，このように彼らの上司が情報システムに関して彼らに対して抱く役割期待が変化したということや，より旧式で，非公式的な，分権化されたシステムはもはや是認されないということに気づかされるのである。

　新任教師の役割モデルに関する企図された実行（attempted implementation）に関するGross et al. の研究（1971）は，役割のあいまいさおよび葛藤が発生する問題について記述している。企図されたイノベーション，つまり触媒作用の（catalytic）役割モデルは，教師がより低学年の子供の動機問題を取り扱うのを容易にするための試みであった（Gross et al., 1971, p.10）。そのイノベーションの実行に対する障壁のいくつかを分析する際に，教師達は，彼らがイノベーションを遂行するために要求された役割遂行（role performance）の種類

について明確ではなかったことを指摘していた（つまり，役割のあいまいさが高い）。また，新しい教師モデル・イノベーションを支持しない，相容れない組織的配列も存在した（pp.139-142）。その新しい教師モデルが学習プロセスに焦点を当てている一方で，企図された実行の期間中，なおも教師は評価を与えることを要求されたのである。また，さまざまな年齢の生徒とともに学級を作り上げることが，新しい教育モデルの重要な部分であった。しかしながら，企図された実行の間，学級は年齢を基礎として同質的に形作られた。このように，どちらの例でも，教師はイノベーションの放棄に繋がる役割葛藤を経験した。

このように，私たちは，公式化の程度の効果は，組織が存在するイノベーション・プロセスの段階に依存して変化するということを再発見した。始動段階では，特定のルールと手順に関して，公式化の程度がより低いと，情報を収集し処理するために，システムはより開放的になり，そしてその情報はイノベーションに関する知的認識を増大させるように思われる。しかしながら，実行段階では，イノベーションが利用されるようにするために，より特定的なルールや手順が，組織の役割成員の期待や役割要求（demand）を変えることを助長するように思われる。

再度，実践者はあるジレンマに直面する。つまり，低い公式化は，イノベーションの始動段階を促進するように思われるが，その一方で，より高い公式化はイノベーションの実行を手助けするように思えるのである。このジレンマを減らそうと試みる際に，組織はイノベーションの始動段階と実行段階で公式化の異なる程度を用いるかもしれない。例えば，あるグループが，イノベーション・プロセスの始動段階で公式化を低減するためにある運用指針の広範囲に及ぶセットが打ち立てられるかもしれない。上記で示されたように，そのことは，イノベーションの諸提案を潜在的に刺激するだろう。しかしながら，一度提案が生み出されると，そのグループは，次にイノベーションが実際どのように実行されるかについての運用ルールと手順を特定することに焦点を当てるだろう。実行段階でのこのより多く公式化されたイノベーション・プロセスは，個人がイノベーションを実行する際に経験し得るあいまいさと潜在的なコンフリクト

を低減する傾向にあるかもしれない。彼らは，イノベーションを用いる方法や，その実行が組織における既存の手順に適合する方法について，潜在的によりよく理解するだろう。

中央集権化（Centralization）

組織における権威と意思決定の所在によって，ここでは中央集権化の次元（dimension）が概念化される。権威の階層制が高まれば高まるほど（組織における意思決定がより高次でなされればなされるほど），そしてその組織内に存在する意思決定への参加が少なければ少ないほど，中央集権化がより高くなり，またその逆もそうである。組織におけるイノベーション・プロセスを議論する際に，私たちは役割の不確実な遂行を強調した。前の部分で，私たちはイノベーション・プロセスの間，多くの不確実性が始動段階の組織メンバーによって経験されるかもしれないことを示唆した。何らかの成果ギャップが，組織内で明らかにされ，そうすると代替的行動コースを探索することが増加する。ここでは，私たちが指摘したように，その組織のための情報の必要性は非常に高い。権威の階層制が高まれば高まるほど，コミュニケーション・チャネルを制限し，そしてその組織にとって入手可能な情報量が縮減するように思われる。

権威の階層制を厳密に強調すると，意思決定単位のメンバーがコミュニケーションの特定化されたチャネルに固執したり，彼らの仕事について肯定的な情報ばかりを選択的にフィードバックするようになることがよくある。彼らは，このように実際には，組織がよりよく革新するのを助けてくれるかもしれないどのようなネガティブ・フィードバックも無視してしまうのである（Read, 1962）。また，Shepard (1967, p.471) は，イノベーションのためのアイデアが，組織のパワーの中枢から幾分距離のある地点で生み出されることがよくあり，そうなるとそれらは，上層部に伝達されなくてはならなくなるということを指摘している。権威構造がより官僚化すればするほど，それだけより一層多くのコミュニケーション・チャネルをイノベーションが経由しなければならなくなる。そうすると，このことのために，その提案が組織の安定状態を乱すという

理由で,排除される可能性が高まるのである。Thompson (1969) が指摘したように,中央集権化され,より官僚化した組織では,イノベーションのためのアイデアが,ただ単に拒否されてしまいがちである。

意思決定により多くの人が参加すると,生まれるべき新しい洞察やイノベーション・プロセスに対する新しい情報源がもたらされるかもしれない。また,意思決定プロセスにより多くの人が参加すると,組織のメンバーが時折困難な実行段階を通じた作業にコミットすることが増え,その結果,抵抗が少なくなるのである (Marrow et al., 1967)。

福祉組織に関するHage and Aikenの研究 (1967, pp.510-511) で,意思決定への参加とプログラム変更の割合の間に肯定的な関係 ($r=0.49$) が存在することが判った。また彼らは,権威の階層制とプログラム変更の間に否定的関係 ($r=-0.09$) を見出した。Burns and Stalkerの研究 (1961) は,より小規模の権威の階層制や意思決定におけるより広範囲な関与を伴った有機的な構造は,イノベーションの試行を幾度となく伴うより不安定な (つまり不確実な) 状況を取り扱う際に,より効果的であるということを指摘した。Lawrence and Lorschの研究 (1967a) もまた,直面するより大きな不確実性の結果として,基礎的な調査研究単位が,生産単位と比べてより小さな構造を示していたことを発見した。

入手可能な調査研究は,このことについて明確ではないけれども,私たちは,もう一度,組織が位置するイノベーション・プロセスの段階に応じて,中央集権化の効果が変化し得るということを提案する。より小規模な権威の階層制と意思決定へのより多くの参加は,組織に対し情報入手可能性を増大させ,そしてそれから始動段階でイノベーションの知的認識を増大させ得るということは明確である。しかしながら,Shepard (1967) が指摘したように,組織が実行段階に至った時,権威や責任のより特定的な方針が要求される。またBlau and Scott (1962, p.125) は,地位による階層的差異が,発案の自由な流れを制限し,そしてそのことが同意に達するための意見の調整を助長するということについて言及した。また,権威の明確な方針 (lines) は,そのイノベーションについ

3. イノベーションに影響を及ぼす組織の特徴

てメンバーに何が期待されているかを彼らが理解するのを手助けするのである。このようにして，役割葛藤やあいまいさは，低減されることがあり得るのである。

私たちは再び，中央集権化がイノベーション・プロセスにさまざまな影響を与え得るという議論を支持するものとして，Lawrence and Lorschの研究結果（1967a）を考察してみることにする。彼ら（p.18）は，効果的な組織において，基礎的な調査研究グループは，最小限の構造しか持たないが，一方で生産単位は，最も構造化されていることを発見した。Lawrence and Lorschはこのことについて議論していないけれども，それは基礎的な調査研究単位がイノベーション・プロセスの始動段階に最も責任があるということであるかもしれない。彼らは組織が従うかもしれない代替的行動コースを探索している。彼らは新しい機会を求めて環境を絶えず観察している。ここでは，きわめて柔軟な組織構造が意思決定のために必要な情報を収集し，処理するのに最も適しているのである。しかしながら，どんなイノベーションが生み出されるにしても，製品を生成するという実行段階にその組織が移行するにつれて，権威のより明確な方針を実行することが重要となり，そしてその結果として組織の人々は，自分たちに期待されているものを理解するのである。このように，イノベーションが実行される生産単位は，より中央集権化されるのである。以前に示したように，Wilson（1966）は，権威と構造が多様であるとき，組織が参加者全体に十分な影響力を集中させることは困難になることを指摘した。百貨店のイノベーションに関するSapolsky（1967）の研究は，分権化した権威と意思決定構造が，イノベーションを実行するための試みを阻むということを明らかにした。

また，関係者は，彼らがその時に持っている影響力の量をイノベーションが低減させてしまうかもしれないと知覚するので，組織のメンバー間で権威やパワー（権力）が広まれば広まるほど，イノベーションに対するより多くのコンフリクトや反対が発生するよう思われるのである。また，Corwin（1969）やGamson（1966）は，意思決定プロセスが分権化すればするほど，異なったグループや個人にとって，不同意を表明するための機会が一層多くなることを指

摘した。参加（関与）することは，不満を抱く個人がそうでなければ知らないままでいるような不平不満の原因を伝達する機会やチャネルを提供するのである (Corwin, 1969, p.509)。

再度，中央集権化はイノベーション・プロセスの異なる段階で異なる影響を持ち得るように思われる。中央集権化が低ければ低いほど，始動段階で情報を収集し処理することにおいて，より適切に対処できるようである。ここでは，権威の階層制をあまり強調しないことや，意思決定により多くの人が参加することが，入手可能な情報を増大させ，そしてその次に，イノベーションの知覚を促進させるようである。しかしながら，実行段階では，権威のより厳密な伝達経路が，実行を阻害することもある潜在的なコンフリクトやあいまいさを減少させることがあるようである。さらに，その組織のための戦略は，始動段階ではより分権化された手順，そして実行段階ではより中央集権化された手順を活用するべきであるかもしれない。したがって，組織はイノベーション・プロセスの異なった局面では，それぞれ異なった種類の意思決定構造を実行する必要があるのである。

個人間関係 (Interpersonal Relations)

組織の伝統的な理論 (Weber, 1947) は，組織における合理性を強く強調し続けるために，組織の参加者間での個人間関係において高度な非人間性が存在するべきであると指摘した。Argyris (1962) は，個人間関係に関して次のような公式組織における暗示的価値をまとめた。「行動が合理的で，論理的で，明確に伝達されるとき，人間関係の効果 (effectiveness) が増大する。情緒性が増大するにつれて，効果は減少する」(p.39)。Argyrisは，個人間関係が組織の意思決定プロセスに影響を及ぼすゆえに，個人間関係に焦点を当てるべきであると提案した。

個人間の問題を処理する方向に向かうことは，イノベーション・プロセスには重要であるかもしれない。イノベーション状況においては，組織の参加者は，不確実性に直面しており，これらの状況を取り扱うための戦略は，通常，事前

に確立されたルールや手順によって,カバーされてこなかったのである。ここでは,関係の非公式的なネットワークに,より高い信頼が置かれなければならない。例えば,Conrath (1968) は,研究開発組織における非公式グループを研究し,そしてこれらの非公式グループは,公式的な階層制に重要な情報源を供給しているということを指摘した。

また,イノベーション・プロセスの間にしばしば発生する不確実性やリスクの引き受け期間に,組織の参加者はストレスや不安を経験するかもしれない。Torrance (1961) や,ストレスに関するSchroder, Driver and Streufertの研究 (1967) は,グループ内にいつもあるストレスは,コミュニケーション連鎖を破壊し,グループの成果水準を低下させるということを指摘している。もし,個人がグループに完全に統合されるならば,情報処理能力は,グループの目標をめざして努力することに対する個人の関与によって潜在的に増加する。

個人間の問題を取り扱うことはまた,開放性,リスクを引き受けること,信頼についての優れた個人間のスキルの効果であり,そしてそれらはイノベーション・プロセスの大切な構成要素であるがゆえに,重要であるように思われる。Argyrisの研究 (1965) は,個人が,自分自身の行動を認めなかったり,もしくは他者への自分自身の行動の影響を快く受け入れない時,彼らの周辺の人々は,リスクを引き受けようとはせず,彼らの行動に従うようにすることが多いということを指摘した。このことは,明らかにすべての段階でのイノベーション・プロセスを妨げる。例えば,創造的な研究開発所に関するStephenson et al. の研究 (1971) は,創造的な研究室が,次のようなものであったことを発見した。それは,そこにいる人々は,彼らの個人的名声のために進んで危険を冒したり,不評であるアイデアを喜んで擁護したり,同僚にオープンで正直であることによって,喜んで危険を冒すということである (p.47)。Argyrisは,管理者は次のような見解を含む,個人間関係に関する彼らの価値観を変化させる必要があることに注目した。すなわち,それは「(合理的で,また個人間の) すべての関係する行動は,意識的で,議論可能であり,また統制可能になるがゆえに,人間関係はますます有効になる」ということである (Argyris, 1964b, p.61)。

組織における合理的な行動のための必要性のパースペクティブにおいて，Argyrisによって特定されたように，個人間関係に重きを置くことは，重要である。Whyte (1969) は，おそらく，誰よりも上手くこのことを要約した。

　Argyrisの処方箋は，…（中略）…技術的で合理的な議論のための主情主義（emotionalism）の代用品ではない。彼は，彼が"開放性"もしくは"真正性（authenticity）"と呼ぶものを提唱している。それらは合理的および感情的コミュニケーションの彼独自の適切な組み合わせである。開放性は，各個人が，他者の感情に対するどんな関心にも関係なく，心の中にあることは何でも表現すべきであるということを意味しているのではない。その目的は，ともに緊密に働いている組織のメンバーが，類似した開放的なやり方で，彼ら自身を表現するためにコミュニケーションを交わしている人々を手助けするようなやり方で，彼らの関係における問題について，自分たちはどのように感じているかをそれぞれお互いに表現する状況を創り出すことである。その理論は，そのグループ内の感情的な問題は，そのグループのメンバーがその問題に直面しないときに，単に消え失せてしまうのではないということである。つまり，むしろそれらは，メンバーの合理的計画の実行を妨害する傾向にあるのである。さらにその理論は，もし感情的な問題が抑制されるのではなく，合理的な計画の開発に沿って処理されるならば，技術的問題はより効果的に解決され得ると主張しているのである (p.391)。

個人間関係を取り扱うことは，イノベーション・プロセスの異なる段階で，いかに効果的に変化するかということについてはあまり明確ではない。組織がイノベーション・プロセスのすべての局面で，個人間問題を取り扱うことが重要であるというのは，今までの議論を所与とすると，尤もなことである。

コンフリクト処理能力（Ability to Deal with Conflict）
私たちの議論のさまざまな点で，コンフリクトがイノベーション・プロセス

表3−6　組織間コンフリクトに対する構造的先行研究の要約

I　以下の関数である共同意思決定のための知覚された必要性 　　（March and Simon, 1958; Walton et al., 1969） 　　A　限定された資源への相互依存性 　　B　活動時間調整に関する相互依存性 II　以下の機能となるかもしれない目標における相違 　　A　目標のあいまいさ（Walton et al., 1969） 　　B　希少資源をめぐる競争において集団を位置づける組織的報酬システム（March and Simon, 1958; Blake et al., 1964; Walton et al., 1969） 　　C　単位間での利益に関するより大きなコンフリクトの知覚（Walton et al., 1969） III　以下の関数となるかもしれない現実の知覚における相違 　　A　独立した情報源の数（March and Simon, 1958） 　　B　情報の何らかの所与のかけらが伝達される組織構成員の数を制限すること（March and Simon, 1958） 　　C　コミュニケーションに対する物理的障害（Walton et al., 1969） 　　D　組織の専門性の高度化（Corwin, 1969） IV　権威のレベルの数の高度化（Corwin, 1969; Harvey and Mills, 1970） V　組織の複雑性の増大（Willson 1966; Corwin, 1969） VI　手順の標準化に関する強調，およびルール，そしてより密な監視に関する強調の増大（Corwin, 1969）

のさまざまな段階で現れるようであるということが強調されてきた。始動段階では，どのようなイノベーション提案が受け入れられ，保持されるのかに関係して，コンフリクトは発生し得るのである。また，実行段階では，イノベーションが組織の進行中の実践へと統合されるべきプロセスについてのコンフリクトが存在するように思われる。

　革新的組織の構造的特徴は，組織内コンフリクトのための高い可能性を持っているということである。表3−6は，コンフリクトに対する主要な構造を研究した先行研究を纏めたものである。表3−6から，コンフリクトがイノベーションの諸段階で極めて頻繁に発生していることが見て取れる。

　例えば，イノベーション・プロセスでは，組織の諸単位は，それらの目標においていくらかの相違があるように，共同意思決定の何らかの必要性を感じて

いるようである。イノベーションの始動段階は，組織の調査研究部門で発生するので，生産部門の人々は，彼らが意思決定プロセスに対して，何らかのインプットを持つゆえに，そのイノベーションは既存の生産技術にとって，融和的であると感じていることが多いのである。例えば，Lawrence and Lorsch (1967a) は，次のようなことを発見した。それは，組織の調査研究単位は，課業が終了するのにより長い時間的範囲を必要とする前者（目標）に帰着する生産単位（低い製造コスト）とは大きく異なる目標（革新的製品）を持つということである。このように調査研究部門の人員と生産部門の人員の間には，いくらかの不同意が存在するかもしれない。

　Lawrence and Lorsch (1967b) は，高度に多様化した組織では，より有能である人々が，それらの組織が多様化したグループを統合するために確立された特有の公式化された単位を持っているということを研究しているということを明らかにした。これらの統合者 (integrators) は，多様化した単位を調整し，発生するかもしれないコンフリクトを減少させるのを助長するのである。彼らは，有能な統合者がいくつかの特徴を有していることを発見した。(1) 有能な統合者は，公式的なパワーの基盤を持っていることに加えて，彼らの知識や熟練がゆえに，影響力がある。もし統合者が，調節を促進しようとしている2つかそれ以上の異なる機能領域で，前もって経験があれば，彼は，非常に有能であると認識されるために，さらにより有力でさえもある。(2) 有能な統合者は，彼が統合を試みている部門間で，均衡のとれた方向定位をもっている。統合者は，さまざまな部門でそれぞれの言語を話す。例えば，彼は，販売グループの高度に社会志向的行動パターンと生産単位の課業志向的行動の間に属するのである。統合者は，その管理者がお互いに行うよりも，さらに多くの行動や思考パターンを，さまざまな管理者と共有するのである (Lawrence and Lorsch, 1967b, p.147)。(3) 有能な統合者はまた，直面しているコンフリクトについての特定の戦略を用いる。対峙するということ (confrontation) は，「論争者の前に全ての関係する要因を諸議題として提出し，組織全体のための最善の解決策を提供する何らかの代替案が発見されるまで，不同意の基礎となるものを議

論することを含むのである」(Lawrence and Lorsch, 1967b, p.149)。彼らは，この戦略はコンフリクトの解決を強要したり，もしくはコンフリクトを取り繕おうとするよりも，コンフリクトを処理することにおいては，ずっと効果的であるということを発見した。(4) 彼らはまた，有能な統合者は，無能な統合者に対して，ある好ましい行動形式を持っていることを発見した。つまり，彼らは著しくより多くの主導権やリーダーシップを執ることを好むのである。そして，彼らは，より野心的で，行動的で，そして説得力があるのである。また，彼らは，社会的状況において冷静沈着であり，より創造的で主体的である。さらに，彼らは，より柔軟な行動様式を好むのである (Lawrence and Lorsch, 1967b, p.150)。

　上述した**個人間-グループ間コンフリクト**に加えて，組織に存在するかもしれない他のさまざまな種類のコンフリクトがあるのである (Derr, 1972)。これらをはっきりさせることは重要であり，それと同様に，それらを解決するための戦略を指し示すことも重要である。**個人内コンフリクト**は，個人と組織の間で発生する。個人のニーズは，組織が創り出す要求と相容れないのである。ある組織の中にいる科学者は，創造的であるための明確なニーズを持っている。しかしながら，彼はより実践的で，彼のスキルを活用することができないプロジェクトで働くことを要求されるかもしれない。このように，彼は，何らかのコンフリクトを経験するのである。**組織的なコンフリクト**は，組織的な行為の直接的な結果として生じる。例えば，あるシステム内での予算削減は，それぞれの職能グループが希少な資源を巡って競争するので，その職能グループ間の競争とコンフリクトを増大させるかもしれない。この種のコンフリクトは，個人もしくはグループ間の関係を改善することによって削減されることはないのである。むしろ，変化は組織的なレベルでなされなくてはならないのである (Derr, 1972)。予算の事例では，組織は希少資源の配分を再検討する必要があるかもしれない。**組織間コンフリクト**は，競合組織間コンフリクトであり，そうでなければ，それらが個々別々の組織であるかのように行動する内的サブシステム間のコンフリクトである (Derr, 1972)。彼 (Derr) は，この種のコンフ

表 3-7　組織的コンフリクト解決グリッド

コンフリクトの性質	知識	訓練プログラム シミュレートされた経験	構造	手順	組織的介入 規範	除去
個人内	組織心理学（カウンセリング／コーチング）	Tーグループ（人間関係改善セミナー），ロールプレイ（役割演技），期待調査（the expectations survey）例，	カウンセラーとスタッフの開発プログラム	間違った期待，カウンセリング，役割交渉を発生させないための改善的新人採用	敏感であることや他者の視点を理解すること	
個人間	グループ・ダイナミックス（集団力学）	ロールプレイ，違いについて公然と不同意すること，イメージング（訳者注1），ハンドミラーリング	第三者の相談相手，結合者	コミュニケーション・スキルの改善，問題解決術，契約締結，そして自然なものとして自分本位の交渉を改善すること	開放性，立ち向かう風土，自然なものとして受け入れられること	
組織的	組織デザインと役割理論	"パワーゲーム"※，影響ライン，ハロー・スクエア（訳者注2）・パズル（hollow square puzzle），対面のミーティング	効果的な構造とトップ・マネジメント集団	役割交渉，資源配分や個人の昇進に対する公平なメカニズム	その人自身の私欲で行為するための許可，不平を公表する自由を感じること，権威や政策に疑問を持つことの正当性を認めるる	
組織間	駆け引き交渉もしくは交渉戦略	"軍備縮小ゲーム"†の事例	交渉チーム	交渉指針に基づいた取り組み，将来の需要への備えについた取り組み	集団の標準的で公平なパワーとしての交渉プロセスを受け入れること，戦術的かつ冷静であること	
革命的	革命的戦術	"MITの共同体ゲーム"‡の事例	反対者集団との継続的な接触を持つ個人	攻撃のための諸要素に対する備え，基本的問題を解決するための取り組み，中間派の人への訴求	個人的に攻撃を受けないこと，戦術的に考えること，過剰反応しないこと，防衛はもちろん攻撃も	楽しいことに関する心像をよび起こすことでストレスの解消を図る療法。中央を開けて四角く作テーブルを設置し，そのテーブルの外側を囲むように椅子を置く配置のこと

出所：Derr, 1972, p.499.

※　パワーゲームとは，組織的コンフリクトを生み出す
†　軍備縮小ゲームとは，交渉に焦点を当てている
‡　MIT共同体ゲームとは，革命的な変化の問題に焦点を当てている

（訳者注1）
（訳者注2）

3. イノベーションに影響を及ぼす組織の特徴 151

リクトにおいて，参加者は，「…経済的資源，合法的権威，民衆の支持，権力の象徴，その他の希少な資源」を獲得することを望むと指摘している（1972, p.497）。コンフリクトの最も極端な種類のものとは，**革命的コンフリクト**である。ここでの要求は，全員にとって，新しい組織の形態に対して分配されるような資源である（Derr, 1972, p.497）。

Derr (1972, p.498) は，これらの組織的コンフリクトは，(1) コンフリクトを解決するための管理者を育成すること，(2) さまざまな仲裁を行う組織開発の人材（organizational development personnel），(3) コンフリクトの原因を除去することによって，解決され得るということを指摘している。彼の組織的なコンフリクト解決グリッド（organizational conflict resolution grid）は，表3－7に示されている。

進行中の議論から，組織がコンフリクトを低減させるために使用可能な信頼できる戦略が存在するということが明らかになっている。私たちは，イノベーションの結果として発生するコンフリクトと，それと同様に，他の組織的問題にも焦点を当てた。ここでの主要な目的は，解決のための潜在的な戦略と同様に，コンフリクトの源泉についての広範な見解を読者に提示することである。

要　約

イノベーション・プロセスに影響を与えるような環境の役割は，本章の最初の部分で議論された。組織が，その組織に対する外部資源からそれらのイノベーションについてのアイデアや情報を獲得できるように思われる事実があるように，環境の構成要素が識別されるのである。しかしながら，一旦イノベーションのためのアイデアが獲得されたならば，イノベーションの大部分が開発され，テストされ，商品化され，もしくは企業それ自体によって既存の業務に組み込まれるのである。このように，革新的組織は，それらがイノベーションそれ自体を開発する以前に，イノベーションのためのアイデアを獲得するように外部

の情報源に対して開かれていることが必要であることが明らかである。

本章の第2の部分では、組織構造の多次元的な見解が示された。このモデルは、組織構造の異なった配置が、それぞれの段階でイノベーション・プロセスを促進するということを明細に述べている。とりわけ、イノベーションの導入を活発化させることにおいて、複雑性のより高い程度、より低い公式化、そしてより低い中央集権化は、情報の収集と処理を助長し、そしてそのことは、始動段階にとって非常に重要であるということが強調されている。また、実行段階では、より高度な水準の公式化や中央集権化、そしてより低い水準の複雑性は、実行を挫くことがある役割葛藤やあいまいさを低減させるようであるということが強調された。このように、この結論は、組織がイノベーションのさまざまな段階を経て方向転換する時に、その構造を変化させなくてはならないということを示唆している。つまり、より早期の始動段階では、より有機的であるか、もしくはより官僚的ではない構造が最も適切であるように思われるのである。次に、組織が実行段階に移行するにつれて、より官僚的な構造が適切となってくる。

また、組織は、より分化した組織構造を取り扱うために、統合的なコンフリクト低減メカニズムを開発する必要がある。

現在明確に必要とされていることは、よりシステマティックな調査研究が、組織におけるイノベーション・プロセスのさまざまな段階を監視するために行われることである。この調査研究は、管理者が組織構造においてさまざまな変更を実行することで、積極的にイノベーション・プロセスをいかにして促進することができるのかということに関して、より多くの情報を生み出すであろう。

【注】

(1) 組織環境のより完全な議論のために、Duncan (1972a) を参照のこと。この後に続く議論は、この論文を基にしている。
(2) 官僚制概念をよりよく議論するために、Perrow (1972) を参照のこと。
(3) Robert Cookeからの個人的な交信。

4. 組織における
   イノベーションの理論

序　文
Zaltman, Duncan, Holbekの理論の検討
　複雑性（Complexity）
　公式化（Formalization）
　中央集権化（Centralization）
　個人間関係（Interpersonal Relations）
　コンフリクト処理
イノベーションの属性と採用下位段階
組織におけるイノベーションの既存理論の検討
　March and Simon
　Burns and Stalker
　Harvey and Mills
　Wilson
　Hage and Aiken
　　複雑性／中央集権化／公式化／階層化（Stratification）／生産（Production）／効率性（Efficiency）／職務満足（Job Satisfaction）
要約と結論

序　文

　本章は，本書で示された組織のイノベーションに関する理論と，いくつかの選定された理論についての簡潔な検討から構成される。しかし，重ねて言うが，イノベーションと組織変革を区別することは重要である。イノベーションは採用に直接関係する単位によって新しいと知覚されたあらゆるアイデア，実践，物質的な人工物である。また，イノベーションは変革（化）の目的（the change object）でもある。一方，変革（化）は社会システムの構造や機能の変更（alternation）である。あらゆるイノベーションは変革（化）を含んでいるのである。組織が採用するものすべてが新しいと知覚されるわけではないので，すべての変革（化）がイノベーションを伴うわけではない。

Zaltman, Duncan, Holbekの理論の検討

　本書における理論は，組織レベルでのイノベーション・プロセスに焦点を当てている。第2章で明らかにされ，論じられたイノベーション・プロセスの始動および実行段階が表4－1に示されている。

表4－1　イノベーション採用プロセスの諸段階

Ⅰ．始動段階
　1．知識－認知下位段階
　2．イノベーション下位段階に向けての態度形成
　3．意思決定下位段階

Ⅱ．実行段階
　1．初期実行
　2．継続的－持続的実行

表4-2 イノベーションの始動および実行に影響を与える構造的変数と媒介要因

始動段階	媒介要因	実行段階
高い複雑性	効果的な個人間関係に対応する高い能力	低い複雑性
低い公式化	コンフリクトを処理するための高い能力	高い公式化
低い中央集権化		高い中央集権化

イノベーション・プロセスに影響を与える組織の特徴は第3章で論じられた。表4-2はイノベーション採用プロセスの始動および実行段階を促進させるような組織特性を要約したものである。第3章で指摘されたように、効果的な個人間関係とコンフリクト解決能力といった組織的変数は、組織がイノベーションの始動および実行段階において、複雑性、公式化、中央集権化の程度を弁別することを可能にすることにおける媒介物である。ゆえに、始動段階と実行段階の間の2つの媒介要因がまた、この表に組み込まれているのである。[1] 次にイノベーションのジレンマに注目することは重要である。つまり、始動段階を促進する上での組織の複雑性、公式化、中央集権化の望ましい程度は、実行段階で影響を及ぼす重要性と方向性において、望ましいそれらとは正反対にあるのである。これらの要因は、実務家がこのジレンマを減らすために用いているいくつかの特定の戦略に関する議論を交えながら、ここで手短に検討される。

複雑性（Complexity）

第3章で示されているように、組織の複雑性（例えば、職業上のスペシャリストの数、彼らの専門職業意識、課業構造の違い）が高まれば高まるほど、意思決定状況において、それに耐え得るより多様な種類の情報を拾い上げるための機会が提供される。このような情報の増大により、より多くのイノベーションの提案が識別される可能性が高まるのである。しかし、複雑性が高いと、コンフリクトの潜在的可能性があることと、実行すべきイノベーションは何かということについてのコンセンサスを得ることが難しいために、イノベーションを実行に移すのが難しくなるのである。

複雑性に関わるイノベーションのジレンマを低減させるために，いくつかの戦略が提案されている。例えば，(1)高度に複雑な集団に対して，彼らが自らの個人間のスキルや信頼を開発することができるように，チーム構築活動が提供されるかもしれない。そしてそれにより，その高度に複雑な集団がイノベーション提案のいくつかの下位セットを実行しようとする際に経験するかもしれないコンフリクトや不同意を，開かれた形で処理することができるのである(French and Bell, 1973, pp.112-121)。(2)複雑性の高い部門（unit）がイノベーション提案を創出し，実行すべきイノベーションの選択をより複雑性の低い部門に担わせるのである。研究開発部門は，生産部門における組み立てラインを変えるためのさまざまなイノベーションの提案を生み出すかもしれない。一度これらの提案が明らかになったら，比較的複雑性の低い生産部門が実行のための提案を選択することになる。

公式化（Formalization）

公式化は，組織における特定のルールや手続きの遵守を強調することに焦点を当てている。始動段階では，ルールや手続きの遵守を厳格に強調することによって，組織の意思決定者が新しい情報の源泉を探索することを妨げてしまうことになる。なぜなら，既存の手続きは情報の適切な源泉とコミュニケーション・チャネルを特定化しているという点で硬直的になる可能性があるからである。そうして，参加者が潜在的イノベーションをより認識したり，組織が実際に行っている方法に関する成果ギャップを識別したりする機会が減少するのである。しかし，実行の期間においては，より明確に特定化されたルールや手続きは，個々人の職務がいかにイノベーションから影響を受けるかに関してあいまいさを減らすことで，実行を促進する可能性が高くなる。

ここでイノベーションのジレンマを減らすために，組織は始動段階と実行段階とで公式化の異なった程度を利用することができる。始動段階では，意思決定の問題への解決策を探索することにおいて公式化を縮小し，個人により多くの自律性を与えるような業務ガイドラインの幅広いセットが確立されるかもし

れない。提案が生み出されたら，集団はイノベーションの実行方法について業務ルールや手続きを明記することができる。このことで，イノベーションの実行の背後にある曖昧さを減らすことができるかもしれないのである。

中央集権化（Centralization）

　中央集権化は組織における権威と意思決定の場所に焦点を当てている。組織の意思決定がより上位レベルでなされればなされるほど，意思決定への参加者が少なくなるほど，より一層中央集権化が進むのである。始動段階では，権威の階層はあまり強調されず，多くの人を意思決定に参加させれば，入手可能な情報が増え，イノベーションの認知がより促進される。実行段階では，権威の経路をより厳格にすることで，実行を阻害する潜在的なコンフリクトやあいまいさを減らすことができる。

　ここでもまた，イノベーションのジレンマを低減するための戦略は，イノベーションのさまざまな段階で中央集権化の異なった程度を利用することである。始動段階では，イノベーションの認知や知識を高めるために参加者により高い自律性を持たせることができる。実行段階では，特定のイノベーションが実行のために選択されるので，意思決定プロセスがより一層調整され，中央集権化される。このことがまた，実行にまつわる曖昧さを減らす潜在力を持つのである。

個人間関係（Interpersonal Relations）

　表4－2は個人間の関係がイノベーション・プロセスの2つの主要段階を結びつける媒介変数として重要であることを示している。不確実性が高いであろう始動段階では，非公式な関係により重きを置くべきかもしれない。Conrath (1968) の研究は，研究開発組織においては非公式集団が情報の重要な源泉を提供することを示した。始動段階でも実行段階でもその間に起こる個人間の関係に関わる問題に対処する能力が重要である。ここでのポイントは，「感情的な問題が抑圧されずに合理的な計画の開発に沿って処理されれば，技術的な問

題もより効果的に解決され得る」ということである (Whyte, 1969, p.391)。

コンフリクト処理

　表4-2ではまた，コンフリクトに対処する能力は重要な媒介変数であることが示されている。始動段階では，どんなイノベーション提案が受け入れられるかに関してコンフリクトが発生するだろう。このコンフリクトの解決の仕方が実行プロセスに影響を与えるのである。イノベーションが組織の現在行っている実践の中に統合されていくプロセスについてもコンフリクトがあるだろう。コンフリクトをイノベーションのプロセスで起こる可能性が高いものとして，そして必ず対峙すべきものとして正当化することは，イノベーションを促進させることがある。対峙するということは当事者たちが巻き込まれる前に，直接関連する要因を提示し，そしてそれから，ある一致点が見出せるまで論点となっている課題について議論をすることを含むのである。コンフリクトに対峙することは，どんなイノベーション提案のタイプが提出されるべきか，およびどんな提案が実行のために選択されるかということに関係して発生する不一致の基盤を減らし，コンセンサスが得られる機会を高めることができるのである。

イノベーションの属性と採用下位段階

　ここで提唱されるモデルは，他のモデルに比べてイノベーションの性質に対して幾分敏感であると思われる。すなわちこのモデルによって，研究者および管理者は問題となっているイノベーションの属性の重要度の違いを考慮することがよりうまくできるようになるのである。その影響が最も表れてきそうな特定の下位段階に従って，さまざまな属性を分類することができる。もちろんこのことは，ある所与の属性が特定の1つの段階においてのみ関連があるということを意味するわけではない。さらに言えば，第1章で議論されたイノベーションの属性すべてがあらゆるイノベーションに直接関連するわけではない。この時，知識-認知の下位段階では，伝達の容易さ，ゲートキーパー，起源の点

(point of origin) などの属性が重要であると仮定されている。例えば，あるイノベーションを伝達できればできるほど，関連する情報が伝播する可能性が高まり，それゆえに，潜在的採用者の間で知識が獲得されるチャンスが大きくなる。態度形成の下位段階では，前段階の状態，社会的コスト，リスクと不確実性，融和性，複雑性が重要な要因として知覚されやすい。例えば，イノベーションが組織内の既存の価値観や信念システムとより融和的であればあるほど，好ましい態度が形成されやすい。意思決定下位段階には，知覚された相対的な優位性，科学的地位，財務的コストが含まれる。例えば，メンテナンスの必要性が不明な新しい設備の採用において負うことになる長期的な財務上の制約は意思決定段階での1つの要素である。始動－実行段階では，個人間関係に与える影響が，終端 (terminality) の問題と同様に重要になるように思われる。継続－持続的実行下位段階にはイノベーションの間口の収容力と継続的な修正への許容性などが含まれる。これらは表4－3に示されている。

表4－3　イノベーション・プロセス内容と属性のありえそうな相互作用

イノベーションの属性	知識	態度形成	意思決定	初期実行	持続的実行
コスト		×	×		
投資に対する収益		×			
効率性		×			
リスクと不確実性		×			
伝達可能性	×				
融和性		×			
複雑性		×			
科学的地位 (status)			×		
知覚された相対的優位性			×		
起源の点	×				
終端				×	
以前の状態		×			
コミットメント			×		
個人間関係				×	
公対私				×	
ゲートキーパー	×				
継続的な修正の許容					×
間口の収容力					×
間口のイノベーション					×

4．組織におけるイノベーションの理論　161

　表4-3で示されている採用下位段階とイノベーションの属性との前述した繋がりは提案的なものに過ぎない。特定の問題と提案された解決策，組織の性質，変革が起こる一般的な文脈，これらはみな，各段階で一番顕著な属性となるのは何かを決定づける要因である。重要な点は，イノベーションの多様な属性が，それが最も重要になりそうな下位段階に照らして考慮されるべきだということである。本書で提唱された2段階-5下位段階モデルは，この活動に特に影響を受けやすいと思われるのである。さまざまなイノベーションのタイプ（本源的／手段的，計画的／非計画的，日常的／根本的）と下位段階との相互作用を考察することもまた，重要である。さまざまな下位階段は，その重要性もイノベーションの種類によって異なる。例えば，意思決定下位段階は日常的イノベーションよりも根本的イノベーションにとって相対的に重要であるかもしれない。イノベーションが組織に影響を与えるにつれて，イノベーションの複雑な局面でますます慎重さをもって決定することが求められることになる。

　第2章では，変革への抵抗というトピックが組織レベルと個人レベルで論じられた。このことは，ここでは表4-4と表4-5に纏められている。第2章で主張された特別な組織のイノベーション・モデルの枠組内での抵抗に関する扱いは，ここで手短に紹介される主要な代替的モデルの範囲内での抵抗に関する取り扱い方よりもより一層明示的であるように思われる。しかしながら，1つのとても必要とされる活動が抜けていたのであった。それは，ある抵抗の特定の源泉と第3章で論じられた5つの主要な組織的変数とを結びつけることに関わることである。これらの変数とは，複雑性，公式化，中央集権化であり，それは，個人間関係とコンフリクト解決メカニズムに強調点を置いているのである。欲をいえば，私たちは，安定性へのニーズ，すなわち知識-認知段階でありそうな抵抗の源泉と公式化との間の関係を議論したかった。公式化の程度が低くなると，安定性へのニーズが高まり，さらにこのニーズが抵抗の源泉として働く可能性が高まるという効果に対するある関係を仮説化できるかもしれない。私たちの文献レビューでは，結果的にいかなる数多くのさまざまなコンテクストにまで拡張され得るほど一般化できるものはほとんどないということ

表4-4　組織のイノベーション意思決定の抵抗と諸段階

意思決定段階	抵抗の性質
知識・認知	安定性へのニーズ 計画 (scheme) 障壁のコード化 既存の社会的関係への影響 個人的脅威 偏狭なプライド 知覚されたニーズ
態度形成と意思決定	分　業 階層的・地位的格差 関連する人々 (parties) との物理的隔離
初期の実行	イノベーションを変更する諸要素 見せかけの受容と利用 コンフリクト 受動性 知覚された操作性 上司による部下の感知された不信感
継続的発生 (continued occurrence)・持続的実行 (sustained implementation)	連続したコンフリクト 意図せざる逆機能的効果の発生 誤った期待による幻滅

表4-5　個人のイノベーション意思決定の段階ごとの抵抗

意思決定段階	抵抗の性質
知　覚	選択的プロセス
動　機	第一位性 (Primacy) 習　慣
態　度	重要性の幻想
正当性	依存性
試　行	自己不信
評　価	危険 (Insecurity) 退行 (Regression) 不安 (Anxiety)
採用-拒絶の決断	恒常性 (Homeostasis)

が判った。抵抗の源泉と組織構造の変数との関係は状況と結びついているようである。他の研究者や将来の研究が，一般化を進めていくために必要な追加的な洞察を提供してくれるだろうが，既存のデータは特定の事例を超えて進むための基礎を提供してくれない。しかしながらある所与の状況において，管理者が自らの事例において抵抗の諸要素と構造的特性がいかに相互作用するのかを考察することは重要である。

組織におけるイノベーションの既存理論の検討

　私たちは次に,イノベーションの選出された理論の簡潔な要約を提出し,そしてそれらがどれほど本書で提示された理論と適合しているのかを示すつもりである。

March and Simon

　March and Simonは,イノベーションに関する彼らの議論を始めるに際して,「…合理性の認知的限界が組織変革やプログラム開発のプロセスにどのように影響するのかをより徹底的に詳細に分析すること」(p.172)に関する1つの議論として彼らの課業を示すことによって,自らの理論の認知的志向を強調した。March and Simonの理論は問題解決に焦点を当てており,そしてこの後で明らかにするように,イノベーション・プロセスの始動段階については記述しているが,実行段階には触れていない。

　活動の既存のプログラムの継続性とその活動におけるイノベーションとを区別するに際して,個人,集団,ないしは組織が代替的な行動コースを探索したり,考慮に入れたりすることはないという理由で,前者が最初に生じることを彼らは指摘している(p.174)。彼らは,既存の活動に固執するのは変化に対する何か特別な種類の抵抗によって引き起こされるのではないという点を強調する。むしろそれは,既存のプログラムに不満がないので,新しい代替案を探索しようとしないという結果になるのである(p.174)。

　そしてそれから,活動に関するある所与のプログラムがもはや成果基準を満たさない時に,イノベーションが発生するのである(p.182)。そうなると,組織成果は不満足なものとして知覚されるのである。Downsの言葉でいえば,成果ギャップが存在するのである。すなわち,組織が実際に行っていることと,その意思決定者が,行われるべきこと,もしくは行っていると信じていることとの間に,不一致が存在するのである(Downs, 1966, p.191)。次に,この不満

足あるいは成果ギャップにより，March and Simonモデルにおける代替的行動コースの探索が増大するのである。本書の第2章で，私たちは，組織の意思決定者が組織が実際に行っていると知覚していることと，彼らがその組織がその行為 (performance) において行い得る，もしくは行っていくべきであると信じていることとの間の不一致におけるさまざまな形について詳細に議論している。これら成果ギャップの原因は表4－6で簡潔に要約されている。

表4－6　成果ギャップの原因の一覧

---
1. 組織の成果基準に対する満足に関する評価基準の調整が遅い（March and Simon, 1958, p.183）
2. 安定した環境においてでさえ，満足な成果に関する基準は，それがそれら自身を上方調整する傾向にあるという点で願望レベルに似ている(March and Simon, 1958, p.183)
3. 組織の**内部**環境に生じ得る変化；(1)新しい人員がその組織に入ってくるかもしれない；(2)科学技術的変化が生じる；(3) パワー関係における変動があるかもしれない
4. 組織の**外部**環境に生じ得る変化；(1)組織のアウトプットに対する需要が変化したのかもしれない；(2)より大きな環境で科学技術的変化が起こるかもしれない（Downs, 1966, p.172）；(3)他の組織と関係したその組織のパワー地位における変化が存在するかもしれない

　こうした既存の活動への不満足が成果ギャップの結果として起こってくる時，代替的行動コースの探索が始まるのである。その結果予測されるのが，組織が新しい代替的な行動コース，すなわちイノベーションを認識するようになるということである。前述した議論から，March and Simonの理論が焦点を当てるのはイノベーション・プロセスの始動段階であり，実行のプロセスではないように思われる。またMarch and Simonはある特定の行動に固執することをある変革への一般的な抵抗に帰してはいないのである。しかし，第2章で強調されているように，数多くのイノベーションが実行に至らなかった主要な原因

は変革への抵抗である。これまで述べてきたように，あるイノベーションの実行の結果から生じる内的変化が根本的であればあるほど，その抵抗は強くなる。したがって，その目的がイノベーションの全プロセスの理解に到達することであるならば，解決－根本的イノベーション（再方向づけ）のためには，変化への抵抗を無視することはできない。

Burns and Stalker

　Burns and Stalker (1961) のモデルは，どのようにして組織が安定した，および変化している環境を取り扱うのかということを考察しているので，イノベーションに関するよりマクロな焦点を提供している。彼らは，スコットランドの電子機器組織の研究の中で，経営管理にとって組織構造の"最良"の形態は存在しないことを発見した。

　第3章でより詳細に読み込んだように，Burns and Stalkerは，環境が安定していて確実性が高い時には，組織の機械的なタイプが，その組織にとって最も適していることを示した（表4－7を参照）。科学技術的および市場の環境が変化していて，不安定な時は，意思決定のための情報の収集および処理の量が増えてくる可能性があるので，有機的なタイプの組織（表4－7）がより適しているのである。こうして，彼らは意思決定のために唯一最適な組織化は存在しないことを示しているのである。むしろ組織化の様式 (mode) は意思決定状況によって変わるのである。

表4－7　機械的および有機的組織諸形態

機械的	有機的
1．課業が非常に専門化された理想主義的（abstract）単位へと分割される	1．課業は下位単位に分割されるが，組織の全体的課業との関連がよりずっと明確である
2．課業は厳格に定義された状態のままである	2．組織構成員の相互作用を通じた，課業の調整と連続的な再定義がある
3．個人の職能的役割にのみ付随する責任の明確な定義	3．個人の職能上の役割を越えた組織に対する責任とコミットメントのより広い容認
4．統制と権威の厳格な階層	4．統制と権威の制裁のより低い階層性は利害関係に関する想定される地域社会により多く由来する
5．あらゆる問題に関して全知全能であると仮定された公式的リーダー	5．あらゆる問題に関して全知全能であると仮定されていない公式的リーダー
6．コミュニケーションは上司と部下との間で主に垂直的である	6．さまざまな階級の人々の間でのコミュニケーションは水平的であり，それは命令よりもむしろ相談に近い
7．コミュニケーションの内容は上司によって提起された指導と決定事項である	7．コミュニケーションの内容は情報とアドバイスである
8．組織と上司への忠誠と服従が特に重んじられる	8．企業の課業，発展，拡張へのコミットメントが特に重んじられる
9．組織それ自体との一体化に対して付随した重要な地位（importance）と威信	9．より大きな環境における協力関係と専門知識に結び付いた重要な地位（importance）と威信

出所：Burn and Stalker, 1961, pp.119-121から要約。

　状況がその方法を保証している時，ある組織が機械的から有機的へと変化する組織のその方法を変えない理由を説明する際に，Burns and Stalkerもまた変化への抵抗の役割を明らかにしている。彼らが示したのは，組織が変化し，イノベーションを取り扱うためにより有機的になるにつれて，組織の政治的あるいは地位的な構造が脅威に晒されることがあるということであった。表4－7から，組織がより有機的になるにつれて，権威の普及が広まり，意思決定への参加者が増えていくなどといったことが起こり，そしてこれらが，組織がもともとより機械的であったならば，コンフリクトと抵抗の源泉になり得るということが見て取れるのである。しかし，彼らはこれらコンフリクトあるいは抵抗の特定の原因について相対的に不明確にしか示していない。例えば，コンフ

4. 組織におけるイノベーションの理論　167

リクトは有機的なシステムに向かっていく傾向に抵抗する機械的構造から生じるのだろうか。あるいは，権威の普及が，有機的な構造に向かう途上の段階であり，マネジャーが取り扱うことを学んでいなかった発展の段階であるがゆえに，コンフリクトが発生するのか。

　彼らの理論の中心はどのようにして組織がイノベーションを実行するのかということにあるように思われる。革新的な状況を取り扱うには有機的な組織の方がいかに優れているかを強調することで，彼らはイノベーションのために生じる組織内のさまざまな変化に焦点を当てたのであった。March and Simonの理論と同様に，彼らの理論もまたイノベーション・プロセスの始動と実行の段階の両方を言及していないということにおいて幾分限界がある。組織のどんなタイプが，イノベーションを実行する際により効果的であると思われるかということを理解することにおいて，組織は幾分受身的な感覚で見られる。しかし，組織がどのようにしてイノベーションを認識するようになり，そしてそれから組織が認識した構造のタイプを用いて，イノベーションを実行することを決めていくのかについては，私たちはまだよく解っていないのである。

Harvey and Mills

　Harvey and Mills（1970）の理論は組織の適応パターンに焦点を当てている。再度，この理論は，イノベーションを取り扱う際に関係する組織的プロセスに焦点を当てる傾向にある。Harvey and Millsは組織を政治システムとして見ており，ある単位が，変化ないしはイノベーションがその影響力を減らしてしまうかもしれないと知覚した時，その組織において変化が起き，結果的にさまざまな単位間のコンフリクトが生まれるということを示したのである(p.184)。政治的連合体が組織における下位単位間で形成され，そして下位単位は彼らに対して組織の中に何かがある限りは，変化とイノベーションにコミットし続けるのである。それら下位単位が自分たちの地位を改善しようとする時，単位間にさまざまなタイプの駆け引き交渉（bargaining）が起きるのである。このように，Harvey and Millsはイノベーションの間に生じるコンフリクト

を議論し,コンフリクトを軽減するための方法として駆け引き交渉プロセスを明らかにすることに着手している。しかしながら,彼らはコンフリクトあるいは抵抗のどちらかについて特定の原因を示すことはしていないのである。

　Harvey and Millsはまた,組織が直面する問題状況の種類と組織が実行する解決策の種類を記述した。問題状況も問題解決もある日常的-革新的次元に沿って整理されている。日常的な解決は組織がこれまで用いている解決策であるのに対して,「革新的な解決策とはこれまで用いたことがなく,組織の中に先例がない解決策」と定義される(pp.189-190)。表4-8は問題状況と問題解決のいくつかの組み合わせを示している。

　日常的な解決策を使用するのか,あるいは革新的な解決策を使用するのかに影響を与える要因は,表1-3と同じものである表4-9の中に示されている。いずれのタイプの問題状況にも日常的な問題解決を当てようとする傾向についてのHarvey and Millsの論理的解釈は,「予測可能性と均衡状態を強調する組織の構造的設計への圧力が少なければ,それが日常的なパターンの継続性を強化する傾向にあり,そしてその日常的パターンの周辺にある利害は,革新的な活動を促進するというよりもむしろ形成するようになるということ」である(p.191)。他方,文脈的変数や内的変数が表4-9(表1-3の複製)の中の3つ目の列にあるように表わされている時,その組織は適応しようとするならば,より革新的な行動をさらに求めるか,必要とするような高い圧力-脅威状況にあるのである。

表4-8　組織が直面する問題状況と解決策

問題状況	問題解決	
	日常的	革新的
日常的	A	B
革新的	C	D

出所:Harvey and Mills, 1970, p.190.

表4－9 日常的および革新的問題の両方に使用する日常的および革新的解決策に影響を及ぼす内的そして文脈的諸変数

I. 特定の問題に特定の解決策を充てる傾向に影響を与える組織変数	II. 以下の場合に問題の両方のタイプに日常的解決策を当てる傾向	III. 以下の場合に問題の両方のタイプに革新的解決策を当てる傾向
文脈的		
競争相手と対比した組織の規模	相対的に規模が大きい	相対的に規模が小さい
競争相手と対比した組織の経年数	相対的に年のいった	相対的に若い
市場における競争の程度	相対的に非競争的な市場	相対的に競争的
科学技術の変化率	相対的にゆっくり	相対的に速い
内 的		
組織の科学技術の普及（製品ラインの規模）	相対的に特定的	相対的に広まっている
内的コミュニケーションシステムの公式化の程度	相対的に公式化されている	相対的に広まっている

出所：Harvey and Mills, 1970, pp.190-192.

Harvey and Millsもまた，始動と実行についてイノベーション・プロセスのさまざまな局面に言及していない。しかし，彼らは革新的問題－革新的解決プロセスに関する筋道を論じている（pp.194-199）。組織が反応する必要のある事象を識別する**問題知覚**（issue perception）がある。事象が定義されると，組織がそれにどのように対応すれば良いのかに関わる**目標の形成**（a formation of goals）がある。そしてその次に，組織が採ることが可能な行動のうち，最も適切なものはどれなのかを決めるために**探索**（Search）が行われる。どんな行動コースが採択されるのかに関して**解決策**（choice of solution）の選択がなされる。最後に，**再定義**（redefinition）がある。そしてそれにより，組織内の他の集団からの圧力のため，あるいは，現在の解決策が適切ではないことを指し示す情報の結果として，結果的に解決の選択が修正されることになるかもしれないのである。

表4－10は，Harvey and Millsのモデルは私たちのモデルで詳述したとこ

表4-10 比較されるイノベーション・プロセスの諸段階

Harvey and Mills	Zaltman, Duncan, Holbek
問題知覚 目標の形成 探　索	Ⅰ．始動段階 　1．知識－認識下位段階 　2．イノベーション下位段 　　階に対する態度形成 　3．意思決定下位段階
解決策の選択 再定義	Ⅱ．実行段階 　1．初期実行 　2．継続－持続的実行

ろのイノベーションの始動段階に主に焦点を当てていることを示している。最初に実行された解決策を再定義することに関する議論以外は，実行プロセスはほとんど重視されていないのである。

　Harvey and Millsは，March and Simon (1958) とBurns and Stalker (1960) のモデルをさらに精緻化している。組織が経験している問題状況を取り扱うための正しい解決策の選択に問題解決プロセスが影響を与えているとして，彼らはそのプロセスを強調しているという点において，March and Simonのモデルの精緻化を行なっているのである。Harvey and Millsはまた，彼らの問題解決アプローチにおいて，より組織的な視点に重点を置いている。というのも，彼らは，イノベーション・プロセスにおいて作用し得る政治的な制約を注意深く見ているからである。彼らは，異なった状況に適しているさまざまなタイプの問題解決や機械的な日常的解決策および有機的な革新的解決策（例として，業務管理の方法）があるということを示しているという理由から，彼らのモデルはまた，Burns and Stalkerのそれを精緻化しているのである。彼らはさらに，組織が直面している状況の種類を処理するのに，どの種の解決策が選択されるのかということに影響を及ぼす文脈的および内的変数のいくつかを特定化するということにおいてBurns and Stalkerを超えているのである（表4-9を参照）。彼らは日常的解決策と革新的解決策の構造的特徴を明らかにしていないけれども，彼らの理論は，組織の反応は組織が経験している状況の種類に依存することを強調している。

Harvey and Millsのモデルの欠点は，イノベーション・プロセスに影響を与えるものとして科学技術とコミュニケーション構造以外の組織の特性を調べていないことである。組織がいかに構築されているか，そして権威の階層性，中央集権化，複雑性，日常的および革新的解決策の実行に関することなどについての詳述はないのである。このように，実際にイノベーションを取り扱うプロセスは，理論的にも，実践的にも不明確である。理論的に言って，私たちは，イノベーション・プロセスの動態性を知らないのである。実務家もまた，このモデルを行為に転換するための含意を発見できないままになっている。実務家は，状況の種類によって採るべき解決策も異なると教えられてはいるが，革新的あるいは日常的解決策を実行するために，組織をどのように構築していくべきかついての洞察を与えられてはいないのである。

Wilson

Wilsonは，組織の中心的な側面はインセンティブの経済性であることを強調している。「インセンティブは，個人が組織の人間になる代わりに与えられる，有形もしくは無形の，あらゆる報酬であり…（中略）…一度組織の中に入ると，時間，努力，もしくはその他の価値ある資源の一助となるのである…」（Wilson, 1966, p.196）。イノベーションのコストはインセンティブが増大せしめられたり，再分配されなければならない方法によって決定される（p.197）。インセンティブ・システムを強調することで，コンフリクトの潜在性が明らかになる。なぜなら，組織におけるいかなるイノベーションや変化も，結果的にその成員たちが自分たちのインセンティブが影響を受けるであろうということを認識することになるかもしれないからである。

Wilsonはイノベーションの3つの段階について議論している。それらは，変化の着想（conception），変化の提起（proposing），変化の採用と実行である（p.198）。彼は，これら3つの段階におけるイノベーションの量は既存の課業構造やインセンティブ・システムの複雑性の関数であると予測した。課業構造は，「異なる課業の数が増加し，課業の非日常的比率が増大するにつれて，より複

雑になるのである」(p.198)。インセンティブ・システムは，インセンティブの源泉の数が増えるにつれて複雑性を増していく (p.199)。彼はそれから，組織とイノベーションの多様性と複雑性についていくつかの仮説を提示している。

　Wilsonは，課業とインセンティブについて，組織の多様性と複雑性が高まれば高まるほど，参加者たちがイノベーションを**発案し，提案する**可能性が高まるということを明細に述べている (p.200)。彼は，高度に多様な組織では上司が彼の部下のあらゆる活動を完全にモニターすることが困難なために，綿密な監視をすることが阻害される，と指摘している。このように，個人は彼らが自分たちの仕事を行う方法を定義することにおいていくらかの柔軟性をもっており，そしてそこには彼らが革新する方法に気づくようになるためのより多くの機会が存在するのである。

　Wilsonの最も重要な貢献の1つは，イノベーション・プロセスで組織が直面するジレンマを明らかにしたことにある。多様性と複雑性はイノベーションを発案し，提案することを増やすことになるが，採用される提案の比率を減らすことになるのである。Wilsonの説明では，複雑性が高くなれば，権威のいかなる源泉も多くの提案のうちのどれが実行されるべきかに関する合意に向かうコンセンサスに達したり，強要したりすることは難しくなるということである (pp.202-203)。そして実行段階では，組織の利害の異なる集団の間でコンフリクトや駆け引き交渉の潜在的可能性が存在する。彼は，「新しい提案を生み出す組織能力を高めることの方が，所与の提案を承認する能力を高めることよりも容易である」と述べることで，イノベーションを始動することの方が実行することよりも容易であるという考えを精緻化した (p.207)。彼の理論はさらに分析レベルとして組織に焦点を当てている。彼はまた課業とインセンティブ・システムの複雑性をイノベーション・プロセスに影響を与えるものとして捉えている。しかしながら彼は，公式化，中央集権化といった他の組織構造の特性に目を向けてはいなかった。

　Wilsonのモデルについて考えられる欠点は，イノベーションのジレンマ，

すなわち始動の潜在性を高めるこれら要因が採用や実行の潜在性を低めるという事実をどのように取り扱うのかということに対する詳述が不足していることである。彼は，実務家が実行段階を促進することによるこのジレンマを取り扱う方法のための手引をほとんど提供していないのである。始動段階と実行段階の両方を促進するために，管理者が何か採るべき行為（action）はないのか。Wilsonは彼のモデルの中で始動段階と実行段階を詳述しているが，行為のガイドラインを提示することにおいて，始動段階を主に重視していると思われるのである。コンフリクトは実行の段階で起き得るという事実に注意はしているものの，これらの問題にどのように対応するのかについては，さほど明確ではないのである。

Hage and Aiken

Hage and Aiken（1970）の研究は，明確に組織的視点を採用しており，本書で展開されている理論に最も近い。Hage and Aikenは，イノベーション・プロセスのさまざまな段階と組織におけるプログラムの変化に影響を与えるような組織の明確になっているいくつかの特性の両方に焦点を当てているという点で，これまで検討してきた理論を越えている。プログラムの変化とは，「…新しいサービスあるいは製品の追加」として定義される（p.13）。本書はイノベーションを，採用に直接関係する単位にとって新しいと知覚されるあらゆるアイデア，実践，物質的な人工物と定義してきた。つまりここで示された定義は，新しい製品やサービスのための判断基準を明確化しているという点で，Hage and Aikenの定義を超えている。製品，サービス等はそれが採用単位によって"新しい"と知覚されなければならない。Hage and Aikenは組織におけるイノベーションの比率に影響を及ぼす7つの組織的特徴を明らかにしている。私たちは次に，それらの特徴がイノベーションの比率に関連するようにそれらの各々を簡潔にまとめて示すつもりである。

複雑性

複雑性は「組織における職務上の専門家の数および各々の専門職業意識 (professionalism) の程度」として定義される (Hage and Aiken, 1970, p.33)。Hage and Aikenは, ここで複雑性が高くなればなるほど, プログラムの変化の可能性が高くなることに繋がると予測している。この理論的根拠は, 次の2点である。(1)専門的な従業員が増えれば増えるほど, 知識に遅れないでついて行くようにすることへの関心が高まるようになり, それにより彼らは, より変化に対する必要性を認識するようになるのである;(2)非常に異質な集団の存在ゆえに, 組織は新しいプログラムの開発において入手可能なより多くのさまざまな源泉を保有するように思われる (p.37)。

中央集権化

Hage and Aiken (p.38) は, 中央集権化を少数の個人 (a small proportion of individuals) の思いのままに権力 (パワー) や意思決定が集中することとして定義している。それから彼らは, 中央集権化が高まれば高まるほど, プログラムの変化率は低くなると予測している。これを支持する理論的根拠は次の3点である。(1)パワーが少数の個人の手の中にあると, 自分たちの持っている権力を失ってしまうかもしれないということを感じて, 実験にあまり踏み出さないように思われる;(2)意思決定への参加者が増える (中央集権化が弱まる) と, 変化に対する新たな領域を明らかにする方向に向かう数多くの多様なアイデアをもたらす可能性があるが, 参加者が少なくなるとそうではなくなる;(3)分権化が高まるということはまた, 問題を取り扱うためのパースペクティブにおけるコンフリクトにつながり, そしてそれは, 変化のための新しい領域を明らかにするようになるかもしれない (pp.38-39)。

公式化

Hage and Aiken (p.43) は公式化を組織における職務の成文化の程度と定義した。次に彼らは, 公式化の程度が高まれば高まるほど, プログラムの変化

率は低くなると予測した。ここでの論理は次の3つである。(1)高度に公式化されたルールは，そのルールを遂行することについての代替的な方法を考慮する余地をほとんど与えない；(2)ルールを強調しすぎると，実行の時のより良い代替的方法を挫いてしまうことがある。なぜならば，そのルールから外れることが罰になることがあるからである；(3)成員たちは単に既存のルールが最良の遂行方法を提供すると想定しているかもしれない（pp.43-44）。

階層化（Stratification）

Hage and Aikenによると，階層化は組織における職務に対する報酬の配分の差として定義される（p.45）。彼らは，階層化が高まれば高まるほど，事業計画（program）の変化率が低くなると予測した。その理論的根拠は，(1)変化にはシステムにおける集団間の差異を減らす可能性があり，そのため恵まれている層が抵抗することがあるかもしれず，そして(2)階層化が高まることは上部へのコミュニケーション，特に評価を恐れて否定的な結果に関する上部へのそれが減少するということである（pp.45-46）。そうして，イノベーションが求められるような成果ギャップの存在について上部に伝達する機会が少なくなるかもしれないのである。

生産（Production）

Hage and Aikenは，生産を質に対して量を強調することを示すものとして定義した（p.49）。彼らは生産の量が高まれば高まるほど，事業計画の変化率は低くなると以下のように予測した。なぜならばそれは，(1)数量を強く強調すると，イノベーションに伴うことがよくある中断を避けるある意思決定に繋がるからであり，そして(2)実行に伴う試行錯誤がアウトプットを減少させる，つまり生産に対する強い強調が存在すると，イノベーションが避けられるようになるからである（pp.49-50）。

効率性（Efficiency）

効率性は「製品あるいはサービスのコスト削減を相対的に重視すること」と言及される（p.50）。彼らは，効率性を重視すればするほど，事業計画の変化率は低くなると考えている。その理論的根拠は，イノベーションの実行は予測できないコストを伴うことが多いということである。その結果，現状維持の圧力が生じるのである。

職務満足（Job Satisfaction）

満足は「組織内の職務従事者の間でのモラールの程度」と定義される。彼らの予測では，職務満足が高まれば高まるほど，事業計画の変化率が大きくなると予測している。というのも，満足している従業員はより組織にコミットし，それゆえに組織を改善する新しいアイデアを受け入れやすいからである（pp.53-54）。

Hage and Aikenはまた，その理論の中で，イノベーション・プロセスのいくつかの段階を明らかにしている。これらは，表4-11に示されており，そこでそれらは私たちのモデルにおける諸段階と比較されている。評価は最初の段階であり，組織の意思決定者が，(1)システムが可能な限り効果的にその目標を達成しているとは言えないという判断をすることと，(2)システムの目標を変更することから成っている（Hage and Aiken, 1970, p.94）。Hage and

表4-11 イノベーション・プロセスの段階の比較

Hage and Aiken	Zaltman, Duncan, Holbek
評　価	始動段階
	知識－認識下位段階
	イノベーション下位段階に
	対する態度の形成
	意思決定下位段階
始　動	
	実行段階
実　行	初期実行下位段階
日常化	継続－持続的下位段階

Aikenは,評価段階の関心事は成果ギャップを明らかにすることであると認識している。しかしながら,Hage and Aikenによって明記されたように,**始動**(initiation)は,必要とされる職務スキルやイノベーションのために求められる財務的支援を見つけ出すための意思決定と問題解決により関係している傾向にある(pp.97-99)。**実行**(implementation)は,イノベーションを組織に統合する初期の試みである。イノベーションが実際に導入されるにつれて遭遇するかもしれない予期せぬ問題や抵抗の源泉ゆえに,抵抗や不均衡は高まりがちになるのである。ここでは,より低い階層の参加者が抵抗するにつれてコンフリクトが高まることが予測される。**日常化**(Routinization)は,実行段階において発生する初期の試行の次に来るものである。日常化においては,イノベーションを維持し,そしてそれを組織の現行の活動に十分に統合するための決定がなされる。

このようにHage and Aikenはイノベーションの進度に影響を与える組織の特性だけでなく,March and Simon, Burns and Stalker, Harvey and Mills, Wilsonらの理論よりも包括的であるそのプロセスの段階についても重視している。しかし,彼らの理論にはまだいくらかの隔たりがある。

彼らの理論の欠点の1つは,Wilson(1969)によって初めに明らかにされ,本書の第3章によって示されたモデルによって詳述されたようなイノベーション・プロセスによって提示された組織のジレンマを明らかにしてはいないということである。Hage and Aikenは異なる組織の特徴とイノベーションの進度(rate)との間の関係に関して仮説を示したが,これらの関係が,イノベーション・プロセスの段階によって変わるかもしれないことは示してはいなかった。例えば,Hage and Aiken(1970, p.33)は複雑さが高まれば,事業計画の変化が大きくなると予測している。しかし,第3章で最初に示したように,これはイノベーション・プロセスの段階によって変わってくるのである。始動段階では,その関係は維持されやすい。なぜならば,複雑さは組織にとって入手可能な情報量やアイデアの数を増やし,それらがイノベーションへの認知と必要性を高めることになりやすいからである。しかしながら,Wilson(1966)が示し

たように，複雑さは実行の段階で問題を引き起こすことがあるのである。複雑な組織では，個人は非常に異なった背景を持っており，組織がすべきことに対しても異なる期待を有している。その結果，その組織がどんな提案が実行されるべきで，そしてそれをいかに実行すべきかについて合意することは大変困難なことになるかもしれない。このジレンマはHage and Aikenによっては認識されていない。第3章で指摘されているように，イノベーション・プロセスの段階が組織の特性とイノベーションの進度との関係にどのような影響を与えているのかということを彼らは示していないのである。そのため彼らの理論は，どこか静態的であり，実務家に対してイノベーション・プロセスの管理について提案することにおいてあまり効果的ではないのである。

要約と結論

　この本で示されている理論は，組織レベルのイノベーション・プロセスに焦点を当ててきた。イノベーション・プロセスの始動および実行段階は第2章で明らかにされ，議論された。その後の第3章では，イノベーション・プロセスに影響を与える組織の特性が取り上げられた。March and Simon, Burns and Stalker, Harvey and Mills, Wilson, Hage and Aikenの理論との比較において，本書で示された理論は，動力学（dynamics）に焦点を当て，イノベーション・プロセスの始動および実行段階の両方を促進するためのガイドラインを提供することを試みてきた。私たちは，Wilson (1966, p.200) によって詳述されたイノベーションのジレンマを認識したが，それを解決不可能だとは考えていない。私たちは始動および実行段階を促進するための可能性を持つ組織の特定の特性，例えば，組織的なイノベーション変化のための知覚されたニーズや，直接関連するある部門へのこのイノベーションの伝達を記載している。意思決定下位段階では，イノベーションの探索と選択のプロセスを組み込んでいる。最も適当な解決策あるいはイノベーションの採用は，初期実行段階と持続的実行段階の両方を結びつけている。

4．組織におけるイノベーションの理論　179

　1つの最終的コメントを付け加えることにしよう。第1章には，組織変革の全体モデルと，図1－1でそのモデルの模範例に関する簡潔な議論が織り込まれている。この図はここでは，図4－1として再掲載されている。本章で紹介した組織変化のさまざまな理論によって，この全体モデルのどの側面がカバーされているかに注目することには価値がある。March and Simonは成果ギャップとその解決策の探索に相当な注意を払っている。彼らはまた，初期のイノベーションのきっかけが組織の内部にあるのか，外部にあるのか，その可能性を強調している。しかし，彼らの理論は，イノベーションが必要とされる組織の他の成員への説得という機能について，そして採用と拒絶のプロセスについてどこか"曖昧"である。Burns and Stalkerは，意思決定，採用，拒絶のプロセスの議論においては最も説得力があるが，成果ギャップ，知覚されたニーズ，代替的な解決策の識別に関しては，明示的な考察において相対的に弱いのである。本章の前半で述べたように，Harvey and Millsは採用と拒絶の段階には相対的にほとんど注意を払ってはいないが，知覚されたニーズ（課題の知覚），解決策の探索，選択（最も適切な代替案の識別）の段階を強調している。Wilson

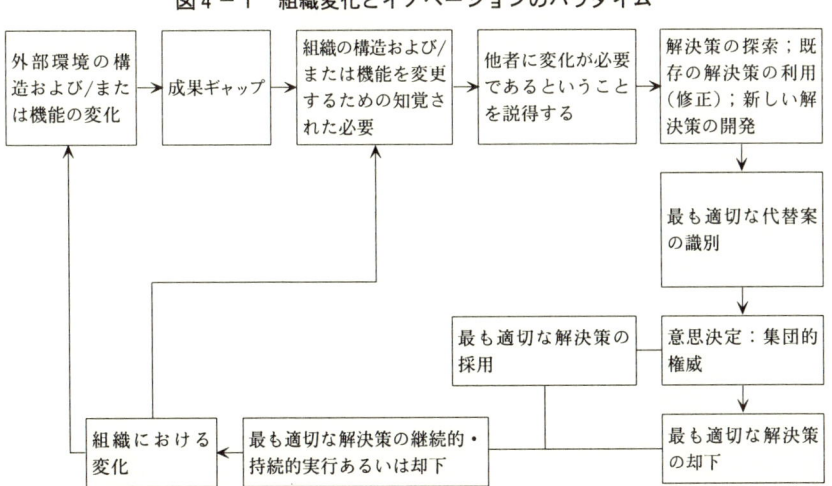

図4－1　組織変化とイノベーションのパラダイム

```
┌─────────┐   ┌─────────┐   ┌─────────┐   ┌─────────┐   ┌─────────┐
│外部環境の構│→│成果ギャップ│→│組織の構造および/│→│他者に変化が必要│→│解決策の探索；既│
│造および/また│  │         │  │または機能を変更│  │であるということ│  │存の解決策の利用│
│は機能の変化│  │         │  │するための知覚さ│  │を説得する    │  │（修正）；新しい解│
│         │  │         │  │れた必要     │  │             │  │決策の開発    │
└─────────┘   └─────────┘   └─────────┘   └─────────┘   └─────────┘
                                                                    ↓
                                                            ┌─────────┐
                                                            │最も適切な代替案│
                                                            │の識別       │
                                                            └─────────┘
                              ┌─────────┐                          ↓
                              │最も適切な解決策の│              ┌─────────┐
                              │採用           │              │意思決定：集団的│
                              └─────────┘                  │権威         │
                                                            └─────────┘
┌─────────┐   ┌─────────┐                                    ↓
│組織における│←│最も適切な解決策の継続的・│                  ┌─────────┐
│変化     │  │持続的実行あるいは却下   │                  │最も適切な解決策│
└─────────┘   └─────────┘                                 │の却下       │
                                                            └─────────┘
```

は，March and Simon, Harvey and Mills あるいはBurns and Stalkerよりも図4－1におけるさまざまな要因をカバーしていることにおいてより包括的であるように思える。しかしながら，予期しなかったわけではないが，第2章で提唱されたモデルは図4－1における活動の連続に近似しているのである。外部環境における変化およびこの変化の知覚が，知識－認識下位段階を生み出すのである。問題認知が先か，それともイノベーションの認知が先かといった時間的な順序に関係なく，この段階で成果ギャップはまた，明らかに認識される。態度－形成段階は，組織的イノベーションのための知覚されたニーズとこのイノベーションを他の直接関係のある部門に伝達することを含むのである。意思決定下位段階は，イノベーションの探索と選択のプロセスを両方組み込んでいるのである。最も適切な解決策もしくはイノベーションの採用は，初期および持続的実行段階の両方を結びつけるのである。

【注】

(1) ここで注意すべき点は，他にも，課業の性質，組織に入手可能な資源，その環境に組織が与える影響といったさまざまな他の潜在的な媒介要因があるということである。将来の研究は，これらをより明確に識別すべきである。

使用・参考文献

Achilladelis, B., P. Jervis, and A. Robertson (1971). *Report on Project SAPPHO to the Science Research Council : A Study of Success and Failure in Innovation.* Sussex, England : Science Policy Research Unit, University of Sussex.

Aguilar, Francis J. (1967). *Scanning the Business Environment.* New York : Macmillan.

Allvine, Fred C. (1968). "Diffusion of a Competitive Innovation," in R. King, Ed., *Proceedings of the American Marketing Association*, pp. 341-351.

Argyris, Chris (1970). *Intervention Theory and Method.* Reading, Mass. : Addison-Wesley.

Argyris, Chris (1965). *Organization and Innovation.* Homewood, Ill.: Dorsey Press.

Argyris, Chris (1964a). *Integrating the Individual and the Organization.* New York : Wiley.（クリス・アージリス／三隅二不二, 黒川正流訳『新しい管理社会の探求──組織における人間疎外の克服』産業能率短期大学出版部, 1969年）

Argyris, Chris (1964b). "T-Groups for Organizational Effectiveness," *Harvard Business Review, 42,* No.2 : 60-75.

Argyris, Chris (1962). *Interpersonal Competence and Organizational Effectiveness.* Homewood, Ill. : Irwin-Dorsey.（クリス・アージリス／高橋達男訳『対人能力と組織の効率──個人の欲求と組織目標の統合』産業能率短期大学出版部, 1977年）

Baker, Norman R., Jack Siegman, and Albert H. Rubenstein (1967). "The Effects of Perceived Needs and Means on the Generation of Ideas for Industrial Research and Development Projects," *IEEE Transactions on Engineering Management,* EM-14 : 156-163.

Bandura, Albert (1969). *Principles of Behavior Modification.* New York : Holt, Rinehart and Winston.

Barnett, H. G. (1953). *Innovation : The Basis of Culture Change.* New York : McGraw-Hill.

Bavelas, Alex (1950). "Communication Patterns in Task Oriented Groups," *Journal of the Acoustical Society of America, 22*: 725-730.

Bean, Alden (1972). "Coupling the Management Science Function to User Groups : Some Observations on the Implementation of Management Science Projects in the Marketing Area." Ph.D. dissertation, Graduate School of Management, Northwestern University.

Becker, M. H. (1970). "Sociometric Location and Innovativeness : Reformulation and Extension of the Diffusion Model," *American Sociological Review, 35* (April): 267-282.

Becker, Selwyn, and Thomas L. Whisler (1967). "The Innovative Organization : A Selective View of Current Theory and Research," *The Journal of Business, 40,* No.4 : 462-469.

Beckhard, Richard (1969). *Organization Development : Strategies and Models.* Reading, Mass. : Addison-Wesley.

Bell, W. (1963). "Consumer Innovators : A Unique Market for Newness," *Proceedings of the American Marketing Association*: 85-95.

Bennet, C. (1969). "Diffusion Within Dynamic Populations," *Human Organizations, 28* (Fall) : 243-247.

Bennis, Warren (1966). *Changing Organization.* New York : McGraw-Hill.

Bennis, Warren (1963). "A New Role for the Behavioral Sciences : Affecting Organizational Change," *Administrative Science Quarterly, 8*: 125-165.

Bertalanffy, Ludwig von (1968). *General System Theory.* New York : George Braziller. (フォン・ベルタランフィ／長野敬, 太田邦昌訳『一般システム理論 — その基礎・発展・応用』みすず書房, 1979年)

Blake, Robert, and Jane Mouton (1969). *Building a Dynamic Corporation Through Grid Organizational Development.* Reading, Mass. : Addison-Wesley. (ジェーン S.ムートン／高橋達男, 広田寿亮訳『グリッド方式による組織づくり — 組織風土を変える』産業能率短期大学出版部, 1972年)

Blake, Robe, Herbert Shepard, and Jane Mouton (1964). *Managing Intergroup Conflict in Industry.* Houston : Gulf Publishing Co.

Blau, Peter, and W. Richard Scott (1962). *Formal Organizations : A Comparative Approach.* San Francisco : Chandler Publishing Co. (P.M. ブラウ, W.R. スコッ

ト／橋本真, 野崎治男訳『組織の理論と現実 —— フォーマル・オーガニゼーションの比較分析』ミネルヴァ書房, 1966年)

Blau, Peter (1960). "Orientation Toward Clients in a Public Welfare Agency," *Administrative Science Quarterly, 5*: 341-361.

Blau, Peter, (1956). *The Dynamics of Bureaucracy*. New York: Random House.

Bradshaw, Barbara, and C. Bernell Mapp (1972). "Consumer Participation in a Family Planning Program." *American Journal of Public Health, 62*, No.7 (July): 972-989.

Brandner, L., and B. Keal (1964). "Evaluation for Congruence as a Factor in the Adoption Rate of Innovations," *Rural Sociology, 29*: 288-303.

Burns, Tom, and G. M. Stalker (1961). *The Management of Innovation*. London: Tavistock Publications.

Cadwallader, Mervyn (1959). "The Cybernetic Analysis of Change in Complex Organizations," *American Journal of Sociology, 65*: 154-157.

Campbell, D. T. (1969). "Reforms as Experiments," *American Psychologist* (April): 409-422.

Campbell, Rex R. (1966). "A Suggested Paradigm of the Individual Adoption Process," *Rural Sociology, 31* (December): 458-466.

Caplow, Theodore (1964). *Principles of Organization*. New York: Harcourt Brace Jovanovich.

Carlson, R. O. (1968). "Summary and Critique of Educational Diffusion Research," *Research Implications for Educational Diffusion*, Michigan Department of Education.

Carroll, Jean (1967). "A Note on Departmental Autonomy and Innovation in Medical Schools," *Journal of Business, 40*, No.4: 531-534.

Carter, Charles, and Bruce Williams (1957). *Industry and Technical Progress: Factors Governing the Speed of Application of Science*. London: Oxford University Press.

Cartwright, Dorwin (1965)." Influence, Leadership, Control," in J. G. March, Ed., *Handbook of Organizations*. Chicago: Rand McNally, pp.1-47.

Chandler, Alfred (1962). *Strategy and Structure*. Cambridge, Mass.: MIT Press. (アルフレッド D.チャンドラー, Jr./有賀裕子訳『組織は戦略に従う』ダイヤモン

ド社, 2004年)

Coch, L., and J. R. P. French, Jr. (1948). "Overcoming Resistance to Change," *Human Relations, 1*: 512-532.

Coe, Rodney M., and Elizabeth A. Barnhill (1967). "Social Dimensions of Failure in Innovation," *Human Organization, 26,* No.3 (Fall): 149-156.

Collins, Barry, and Harold Guetzkow (1964). *A Social Psychology of Group Processes for Decision Making.* New York: Wiley.

Conrath, David W. (1968). "The Role of the Informal Organization in Decision Making on Research and Development," *IEEE Transactions on Engineering Management, EM-15,* No.3: 109-119.

Cooke, Robert A. (1972). Personal communication.

Corwin, Ronald (1969). "Patterns of Organizational Conflict," *Administrative Science Quarterly, 14*: 507-522.

Coughlan, Robert, and Gerald Zaltman (1972). "Implementing the Change Agent Team Concept." Paper presented at American Educational Research Association Conference.

Coughlan, Robert J., Robert A. Cooke, and L. Arthur Safer, Jr. (1972). *An Assessment of a Survey Feedback — Problem Solving — Collective Decision Intervention in Schools.* Final Report, U.S. Office of Education, Small Grants Division, Area V. Project NO. O-E-105 Contract NO. OEG-5-70-0036 (509).

Crain, R. (1966). "Fluoridation: The Diffusion of an Innovation Among Cities," *Social Forces, 44* (June): 467-476.

Cyert, R. M., and J. G. March (1963). *A Behavioral Theory of the Firm,* Englewood Cliffs, N.J.: Prentice-Hall. (R.M.サイアート, J.G.マーチ／松田武彦監訳, 井上恒夫訳『企業の行動理論』ダイヤモンド社, 1967年)

Czepiel, John A. (1972), "The Diffusion of Major Technological Innovation in a Complex Industrial Community: An Analysis of Social Processes in the American Steel Industry." Ph.D. dissertation, Northwestern University.

Dalton, G. W. (1968). *The Distribution of Authority in Formal Organization.* Boston: Harvard University Division of Research.

Derr, C. Brooklyn (1972). "Conflict Resolution in Organizations: Views from the Field of Educational Administration," *Public Administrative Review, XXXII*:

495-502.

Deutsch, K. W. (1963). *The Nerves of Government : Models of Political Communication and Control.* New York : The Free Press. (K.W.ドイッチュ／伊藤重行ほか訳『サイバネティクスの政治理論』早稲田大学出版部, 2002年)

Dill, William (1958). "Environment as an Influence on Managerial Autonomy," *Administrative Science Quarterly, 2*: 409-443.

Downs, Anthony (1966). *Inside Bureaucrcy.* Boston : Little, Brown and Company. (アンソニー・ダウンズ／渡辺保男訳『官僚制の解剖——官僚と官僚機構の行動様式』サイマル出版会, 1975年)

Duncan, Robert B. (1973). "Multiple Decision Making Structures in Adapting to Environmental Uncertainty : The Impact on Organizational Effectiveness," *Human Relations* (Volume 26, in press).

Duncan, Robert B. (1972a). "Characteristics of Organizational Environments and Perceived Environmental Uncertainty," *Administrative Science Quarterly, 17*: 313-327.

Duncan, Robert B. (1972b). "Organizational Climate and Climate for Change in Three Police Departments : Some Preliminary Findings," *Urban Affairs Quartrly, 8,* No.2, 205-246.

Dymsza, William (1972). *Multinational Business Strategy.* New York : McGraw-Hill. (ウィリアム・A.ディムザ／荒川孝訳『多国籍企業の経営戦略』日本生産性本部, 1974年)

Eicholtz, Gerhard, and Everett M. Rogers (1964). "Resistance to the Adoption of Audiovisual Aids by Elementary School Teachers," in Mathew Miles, Ed., *Innovation in Education.* New York : Teachers College Press, Columbia University.

Elbing, A. D. (1970). *Behavioral Decisions in Organizations.* Glenview, Ill. : Scott, Foresman.

Emery, R. E., and E. Trist (1965). "The Causal Texture of Organizational Environments," *Human Relations, 18*: 21-31.

Evans, R. I. (1970). *Resistance to Innovation in Higher Education.* San Francisco : Jossey-Bass Publishers.

Federal Trade Commission (1967). "Permissible Period of Time During Which New Products May be Described as 'New,'" *Advisory Opinion Digest No.120* (April

15).

Festinger, Leon (1957). *A Theory of Cognitive Dissonance.* Evanston, Ill. : Row, Peterson.（フェスティンガー／末永俊郎監訳『認知的不協和の理論——社会心理学序説』誠信書房, 1965年）

Fliegel, F. C., J. E. Kivlin, and G. S. Sekhon (1968). "A Cross-Cultural Comparison of Farmers' Perceptions of Innovations as Related to Adoption Behavior," *Rural Sociology, 33* (December) : 437-449.

Foster, George (1962). *Traditional Cultures and the Impact of Technological Change.* New York : Harper & Row.

French, Wendell, and Cecil Bell, Jr. (1973). *Organization Development : Behavioral Science Interventions for Organization Improvement.* Englewood Cliffs : Prentice Hall.

Gameson, William H. (1966). "Rancorous Conflict in Community Politics,"*American Sociological Review.*

Georgopoulos, Basil S. (1972). "The Hospital as an Organization and Problem-Solving System" in B. S. Georgopoulos, Ed., *Organization Research on Health Institutions.* Ann Arbor, Mich. : Institute for Social Research.

Gibb, Jack R. (1961). "Defensive Communication," *The Journal of Commnunication, 11* (September) : 141-148.

Ginzburg, E., and E. Reilly (1957). *Effective Change in Large Organizations.* New York : Columbia University Press.

Golembiewski, Robert, and Arthur Blumberg, Ed. (1970). *Sensitivity Training and the Laboratory Approach.* Itasca, Ill. : F. E. Peacock Publishers.

Goodenough, Ward Hunt (1963). *Cooperation in Change.* New York : Russell Sage Foundation.

Graham, Saxon, "Cultural Compatibility in the Adopting of Television," *Social Forces 33,* No.2 (December 1954).

Graziano, Anthony M. (1969). "Clinical Innovation and the Mental Health Power Structure : A Social Case History," *American Psychologist, 24,* No.1 (January) : 10-18.

Griffths, Daniel (1964). "Administrative Theory and Change in Organizations," in Matthew Miles, Ed., *Innovation in Education.* New York : Bureau of Publication,

Teachers College, Columbia University.

Gross, Neal, Joseph B. Giacquinta and Marilyn Bernstein (1971). *Implementing Organizational Innovations : A Sociological Analysis of Planned Educational Change.* New York : Basic Books. (ニール・グロスほか／河野重男ほか訳『学校革新への道──教育イノベーションの普及過程』第一法規出版, 1973年)

Grossman, Joel B. (1970). "The Supreme Court and Social Change," *American Behavioral Scientist 13*, No.4.

Guetzkow, Harold, and W. R. Dill (1957). "Factors in the Development of Task Oriented Groups," *Sociometrey, 10*: 175-204.

Guetzkow, Harold, and Herbert Simon (1955). "The Impact of Certain Communication Nets Upon Organization and Performance in Task Oriented Groups," *Management Science*: 233-250.

Hage, Jerald, and Michael Aiken (1970). *Social Change in Complex Organizations.* New York : Random House.

Hage, Jerald, and Michael Aiken (1967). "Program Change and Organizational Properties : A Comparative Analysis," *American Journal of Soliology*, 72, No.5 : 503-519.

Hagen, E. E. (1962). *On the Theory of Social Change.* Homewood, Ill. : Dorsey Press.

Hall, Richard H. (1962). "The Concept of Bureaucracy : An Empirical Assessment," *American Journal of Sociology, 69*: 32-40.

Harvey, Edward, and Russell Mills (1970). "Patterns of Organizational Adaptation : A Political Perspective," in Mayer N. Zald, Ed., *Power in Organizations.* Nashville, Tenn. : Vanderbilt University Press.

Havelock, Ronald G. (1970). *Planning for Innovation.* Ann Arbor : Center for Research on Utilization of Scientific Knowledge, University of Michigan.

Herman, Charles (1963). "Some Consequences of Crisis Which Limit the Viability of Organizations," *Administrative Science Quarterly, 8* : 61-82.

Hoffman, L. Richard, and N. R. F. Maier (1961). "Quality and Acceptance of Problem Solutions by Members of Homogeneous and Heterogeneous Groups," *Journal of Abnormal and Social Psychology, 62*: 401-407.

Homans, G. C. (1961). *Social Behavior : Its Elementary Forms.* New York : Harcourt Brace and Jovanovich. (ジョージ・C・ホーマンズ／橋本茂訳『社会行動──その

基本形態』誠信書房, 1978年)

Hornstein, Harvey, Barbara Bunker, Warner Burke, Marion Gindes, and Ray Lowicki, Eds. (1971). *Social Intervention : A Behavioral Science Approach.* New York : The Free Press.

Hutchins, L. (1972). *Management Training Units.* San Francisco : The Far West Laboratory for Educational Research and Development.

Jacoby, Jacob (1971a). "Multiple-Indicant Approach for Studying New Product Adopters," *Journal of Applied Psychology, 55* (August) : 384-388.

Jacoby, Jacob (1971b). "Personality and Innovation Proneness," *Journal of Marketing Research, 8* (May) : 244-247.

Jones, Garth N. (1969). *Planned Organizational Change.* New York : Frederick A. Praeger.

Juris, Hervey, and Peter Feuille (1973). *Police Unions : Power and Impact in Public Sector Bargaining.* Lexington, Mass. : D. C. Heath-Lexington Books.

Kahn, Robert, Donald Wolfe, J. D. Snoek, and Richard Rosenthal (1964). *Organizational Stress : Studies in Role Conftict and Ambiguity.* New York : Wiley. (ロバート・L.カーンほか著／奥田俊介, 岡田充雄, 篠塚真吾訳『組織のストレス――葛藤にさらされた現代組織の歪み 上・下』産業能率短期大学出版部, 1973年)

Kahneman, D., and E. O. Schild (1966). "Training Agents of Social Change in Israel: Definition of Objectives and a Training Approach,"*Human Organization, XXV :* 71-77.

Katz, Daniel, and Robert Kahn (1966). *The Social Psychology of Organizations.* New York : Wiley.

Kelley, Harold, and John Thibaut (1969). "Group Problem Solving," in Gardner Lindzey and Elliot Aronson, Eds., *The Handbook of Social Psychology Second Edition,* Volume 4. Reading, Mass., Addison-Wesley, pp.1-102.

Kelman, Herbert C., and Donald P. Warwick (1973). "Bridging Micro and Macro Approaches to Social Change : A Social-Psychological Perspective," in G. Zaltman, Ed., *Processes and Phenomena of Social Change.* New York : Wiley Interscience.

Klein, Donald (1967). "Some Notes on the Dynamics of Resistance to Change : The Defender Role," in G. Watson, Ed. *Concepts for Social Change.* Washington, D.C. : NTL Institute for Applied Behavioral Science.

Klonglan, Gerald, and Walter Coward, Jr. (1970). "The Concept of Symbolic Adoption: A Suggested Interpretation," *Rural Sociology, 35* (March) : 77-83.

Knight, K. (1967). "A Descriptive Model of the Intra-Firm Innovation Process," *Journal of Business, 40* (October) : 478-496.

Knight, K., and Yoram Wind (1968). "Innovation in Marketing : An Organizational Behavior Perspective," *California Management Review 11,* 1.

Köhler, J. W. L. (1969). "The Case History of the Research on the Stirling Cycle," in *The Process of Technological Innovation.* National Academy of Engineering, Washington, D.C. : National Academy of Sciences.

Lavidge, R. J., and G. A. Steiner (1961). "A Model for Predictive Measurements of Advertising Effectiveness," *Journal of Marketing, 25.*

Lawrence, Paul R., and Jay Lorsch (1967a). "Differentiation and Integration in Complex Organizations," *Administrative Science Quarterly.*

Lawrence, Paul, and Jay Lorsch (1967b). "New Management Job : The Integrator," *Harvard Business Review, 45,* No.6 : 142-151.

Lin, Nan, and Gerald Zaltman (1973). "Dimensions of Innovations," in G. Zaltman, Ed., *Processes and Phenomena of Social Change.* New York : Wiley Interscience.

Linton, R. (1936). *The Study of Man.* New York : Appleton-Century-Crofts.

Lippitt, Jeanne Watson, and Bruce Westley (1958). *The Dynamics of Planned Change.* New York : Harcourt Brace and Jovanovich.

Lippitt, R. (1965). "Roles and Processes in Curriculum Development and Change," in *Strategy for Curriculum Change.* Washington, D.C. : Association for Supervision and Curriculum Development.

Littaner, D., A. F. Wessen, and J. Goldman (1970). "Evaluating Change in Systems of Child Feeding," in R. M. Coe, Ed., *Planned Change in the Hospital.* New York: Praeger.

Litwak, Eugene (1961). "Models of Bureaucracy Which Permit Conflict," *American Journal of Sociology, 67 :* 177-184.

Lynton, Rolf P. (1969). "Linking an Innovative Subsystem into the System," *Administrative Science Quarterly, 14,* No.3 : 398-416.

Maier, N. R. F. (1970). *Problem Solving and Creativity : In Individuals and Groups.* Belmont, Calif. : Brooks/Cole Publishing Co.

Mann, Floyd C. (1957). "Studying and Creating Change: A Means to Understanding Social Organization," *Research in Industrial Human Relations,* Industrial Relations Research Association, No.17: 146-167.

March, James, and Herbert Simon (1958). *Organizations.* New York: Wiley. (J.G. マーチ, H.A.サイモン／土屋守章訳『オーガニゼーションズ』ダイヤモンド社, 1977年)

Marquis, Donald G., and Sumner Myers (1969). *Successful Industrial Innovations.* Washington, D.C.: National Science Foundation, U.S. Government Printing Office.

Marrow, Alfred, David Bowers, and Stanley Seashore (1967). *Management by Participation.* New York: Harper and Row. (A.J.マロー, D.G.バワーズ, S.E.シーショア／佐藤允一訳『経営参画システムの創造』ダイヤモンド社, 1970年)

Menzel, H. (1960). "Innovation, Integration, and Marginality: A Survey of Physicians," *American Sociological Review, 25.*

Merton, Robert K. (1940). "Bureaucratic Structure and Personality," *Social Forces, 23*: 560-568.

Miller, James G. (1965). "Living Systems: Basic Concepts," *Behavioral Science, 10:* 193-237.

Miller, Roger E. (1971). *Innovation, Organization and Environment.* Sherbrooke: Institut De Recherche et De Perfectionnement en Administration, Université de Sherbrooke.

Milo, Nancy (1971). "Health Care Organizations and Innovation," *Journal of Health and Social Behavior, 12:* 163-173.

Mohr, Lawrence (1969). "Determinants of Innovation in Organizations,"*American Political Science Review, 63*: 111-126.

Mueller, W. F. (1962). "The Origins of the Basic Inventions Underlying Du Pont's Major Product and Process Innovations, 1920-1950," in R. R. Nelson, Ed., *The Rate and Direction of Inventive Activity: Economic and Social Factors.* Princeton: Princeton University Press, pp.323-360.

Myers, S., and D. G. Marquis (1969). *Successful Industrial Innovations.* National Science Foundation: NSF 69-17.

McWhinney, William (1968). "Organizational Form, Decision Modalities and the

Environment," *Human Relations, 21* : 269-281.

National Academy of Sciences (1969). *The Process of Technological Innovation,* Washington, D.C.

Neal, Rodney, and Michael Radnor (1971). "The Relationship Between Formal Procedures for Pursing OR/MS Activities and OR/MS Group Success." Paper delivered at 40th National Conference of the Operations Research Society of America at Anaheim, California (October), pp.25-29.

Normann, R. (1971). "Organizational Innovativeness : Product Variationand Reorientation," *Administrative Science Quarterly, 16,* 2.

Olson, M. (1971).. "Preliminary Thoughts About the Causes of Harmony and Conflict." Unpublished paper, University of Maryland.

Pareek, Udal, and Y. P. Singh (1969). "Communication Nets in the Sequential Adoption Process," *Indian Journal of Psychology, 44* : 33-55.

Parsons, Talcott (1956). "Suggestions for a Sociological Approach to the Theory of Organizations-1," *Administrative Science Quarterly, 1* : 63-85.

Paul, B. (1961). "Fluoridation and the Social Scientists : A Review," *The Journal of Social Issues XVII,* No.4.

Pellegrin, Roland J. (1969). "The Place of Research in Planned Change," in Richard O. Carlson, et al., Eds., *Change Processes in the Public Schools.* Eugene, Oregon: Center for the Advanced Study of Educational Administration, pp.65-75.

Pellegrin, Roland J. (1966). *An Analysis of Sources and Processes of Innovation in Education.* Eugene, Oregon : Center for the Advanced Study of Educational Administration, p.32.

Pelz, Donald G., and Frank M. Andrews (1966). *Scientists in Organizatios : Productive Climates for Research and Development.* New York : Wiley. (D.C.ペルツ, F.M.アンドリュース/兼子宙監訳『創造の行動科学 —— 科学技術者の業績と組織』ダイヤモンド社, 1971年)

Perrow, Charles (1972). *Complex Organizations : A Critical Essay.* Glenview, Ill.: Scott, Foresman. (C.ペロー/佐藤慶幸監訳『現代組織論批判』早稲田大学出版部, 1978年)

Pohlman, Edward (1971). *Incentives and Compensations in Birth Planning.* University. of North Carolina : Carolina Population Center.

Pugh, D. S., D. J. Hickson, C. R. Hinings, and C. Turner (1968). "Dimensions of Orga-nization Structure," *Administrative Science Quarterly, 13,* No.1: 65-106.

Radnor, Michael, and Rodney Neal (1971). "The Progress of Management Science A-ctivities in Large U.S. Industrial Corporation." Program publication #4-71 Cooperative International Program of Studies of Operations Research and the Management Sciences, Evanston, Ill., Northwestern University.

Radnor, Michael, Albert Rubenstein, and David Tansik (1970). "Implementation in Operations Research and R&D in Government and Business Organization," *Operations Research, 18,* No.6: 967-991.

Radnor, Michael, Albert Rubenstein, and Alden Bean (1968). "Integration and Utilization of Management Science Activities in Organizations,"*Operations Research Quarterly, 19:* 117-141.

Read, William (1962). "Upward Communication in Industrial Hierarchies," *Human Relations, 15:* 3-15.

Rice, A. (1963). *The Organization and Its Environment.* London: Tavistock Publication.

Robertson, Thomas (1971). *Innovative Behavior and Communication.* New York: Holt, Rinehart and Winston. (T.S. ロバートソン／加藤勇夫, 寶多國弘訳『革新的消費者行動』白桃書房, 1975年)

Rogers, Everett M. (1973). "Social Structure and Social Change," in G. Zaltman, Ed., *Processes and Phenomena of Social Change.* NewYork: Wiley Interscience.

Rogers, Everett M. (1972a). *Field Experiments on Family Planning Incentives.* Ann Arbor: University of Michigan, Dept. of Communications (May).

Rogers, Everett M. (1972b). "The Ernakulam Vasectomy Campaigns," Michigan State University, mimeo.

Rogers, Everett M., and F. Floyd Shoemaker (1971). *Communication of Innovations: A Cross-Cultural Approach.* New York: The Free Press. (E.M.ロジャーズ／宇野善康監訳, 青池慎一ほか訳『イノベーション普及学入門――コミュニケーション学, 社会心理学, 文化人類学, 教育学からの学際的・文化横断的アプローチ』産業能率大学出版部, 1981年)

Rogers, Everett M. (1969). *Modernization Among Peasants: The Impact of Communication.* New York: Holt, Rinehart and Winston.

Rogers, Everett M. (1962). *Diffusion of Innovations*. New York：The Free Press.（エベレット・ロジャーズ／三藤利雄訳『イノベーションの普及』翔泳社, 2007年）

Rokeach, Milton (1968). *Beliefs, Attitudes, and Values*. San Francisco：Jossey Bass.

Roos, Noralou P., and Victor Berlin (1972). "A Causal Model of Organizational Decision Making." Working paper 119-72, Northwestern University.

Rothe, H. (1960). "Does Higher Pay Bring Higher Productivity?" *Personnel, 37*：20-38.

Sanders, J. T. (1961). "The Stages of a Community Controversy：The Case of Fluoridation," *Journal of Social Issues, XVII*, No. 4．

Sapolsky, Harvey (1967). "Organizational Structure and Innovation," *Journal of Business, 40*, No. 4：497-510.

Schein, Edgar (1970). *Organizational Psychology：Second Edition*. Englewood Cliffs, N.J.：Prentice-Hall.（シェイン／松井賚夫訳『組織心理学』岩波書店, 1981年）

Schein, Edgar (1969). *Process Consultation：Its Role in Organization Development*. Reading, Mass.：Addison-Wesley.（エドガー・H・シャイン／稲葉元吉, 岩崎靖, 稲葉祐之共訳『新しい人間管理と問題解決 ── プロセス・コンサルテーションが組織を変える』産能大学出版部, 1993年）

Schon, Donald (1967). *Technology and Change*. New York：Dell.（ドナルド・A・ショーン／松井好ほか訳『技術と変化 ── テクノロジーの波及効果』産業能率短期大学出版部, 1970年）

Schroder, Harold, Michael Driver, and Siegfried Streufert (1967). *Human Information Processing*. New York：Holt Rinehart and Winston.

Seashore, Stanley, and Ephraim Yuchtman (1967). "Factorial Analysis of Organizational Performance," *Administrative Science Qyarterly, 12*：377-396.

Selznick, Philip (1949). *TVA and the Grass Roots*. Berkeley：University of California Press.

Shepard, Herbert A. (1967). "Innovation-Resisting and Innovation Producing Organizations," *Journal of Business, 40*, No. 4：470-477.

Shull, Fremont, Andre Delbecq, and L. Cummings (1970). *Organizational Decision Making*. New York：McGraw-Hill.

Sills, D. (1957). *The Volunteers：Means and Ends in a National Organization*. New York：The Free Press.

Simon, Herbert A. (1957). *Models of Man.* New York : Wiley. (ハーバート A. サイモン/宮沢光一監訳『人間行動のモデル』同文舘出版, 1970年)

Spicer, Edward H. (1952). *Human Problems in Technological Change* (ed.). New York : Russell Sage Foundation.

Steiner, Gary (1965). *The Creative Organization.* Chicago : University of Chicago, Graduate School of Business.

Stephenson, Robert W., Benjamin S. Gantz, and Clara E. Erickson (1971)." Development of Organizational Climate Inventories for Use in R&D Organizations," *IEEE Transactions on Engineering Management,* EM-18, No. 2 .

Stewart, Michael (1957). "Resistance to Technological Change in Industry," *Human Organization, 16,* No. 3 (Fall) : 36-39.

Stiles, Lindley J., and Beecham Robinson (1973). "Change in Education," in G. Zaltman (ed.), *Processes and Phenomena of Social Change.* New York : Wiley Interscience.

Straus, M. A. (1970). "Family Organization and Problem Solving Ability in Relation to Societal Modernization," *Köhner Zeitschrfit für Soziologie,* Supplement 14.

Straus, Robert (1972). "Hospital Organization from the Viewpoint of Patient-Centered Goals," in Basil S. Georgopoulos, Ed., *Organization Research on Health Institutions.* Ann Arbor : University of Michigan, Institute for Social Research.

Stufflebeam, Daniel (1967). "The Use and Abuse of Evaluation in Title III," *Theory into Practice 6* : 126-133.

Summers, Gene F. (1970). "Introduction," in Gene F. Summers (ed.), *Attitude Measurement.* Chicago : Rand McNally.

Sykes, A. J. (1962). "The Effects of Supervising Training Course in Changing Supervisors Perceptions and Expectations of the Role of Management," *Human Relations, 15*: 227-243.

Taylor, Donald W. (1965). "Decision Making and Problem Solving," in James March, Ed., *Handbook of Organizations.* Chicago : Rand McNally.

Taylor, J. (1970). "Introducing Social Innovation," *Journal of Applied Behavioral Science, 6*: 69-77.

Terreberry, Shirley (1968). "The Evolution of Organizational Environments,"*Administrative Science Quarterly, 12*: 590-613.

Thio, A. O. (1971). "A Reconsideration of the Concept of Adopter Innovation Compatibility in Diffusion Research," *The Sociologicol Quarterly, 12* (Winter) : 56-68.

Thompson, James D. (1967). *Organizations in Action.* New York : McGraw-Hill. (J.D. トンプソン／鎌田伸一, 二宮豊志, 新田義則, 高宮晋訳『オーガニゼーション イン アクション―管理理論の社会科学的基礎』同文舘出版, 1987年)

Thompson, James, and Arthur Tuden (1959). "Strategies, Structures and Processes of Organizational Decision," in J. Thompson, E. Hammond, R. Hawkes, B. Junker, and H. Tuden, Eds., *Comparative Studies in Administration.* Pittsburgh : University of Pittsburgh Press, pp.195-217.

Thompson, Victor A. (1969). *Bureaucracy and Innovation.* University, Alabama : University of Alabama Press. (ヴィクター・A.トンプソン／大友立也訳『ビューロクラシーと革新――トンプソン組織論』日本経営出版会, 1970年)

Thompson, Victor (1961). *Modern Organization.* New York : Alfred A. Knopf. (ヴィクター・A.トンプソン／大友立也訳『洞察する組織――組織一般理論』好学社, 1971年)

Tilton, John E. (1971). *International Diffusion of Technology : The Case of Semiconductors.* Washington, D.C. : The Brookings Institute.

Torrance E. Paul (1961). "A Theory of Leadership and Interpersonal Behavior Under Stress," in Luigi Petrullo and Bernard Bass, Eds., *Leadership and Interpersonal Behavior.* New York : Holt, Rinehart and Winston, pp.100-118.

Utterback, James M. (1971a). "The Process of Technological Innovation Within the Firm," *Academy of Management Journal, 14,* No.1 : 75-88.

Utterback, James (1971b). "The Process of Innovation : A Review of Some Recent Findings," in George Wilson, Ed., *Technological Development and Economic Growth.* Bloomington, Ind. : School of Business, Division of Research, pp.139-160.

Walker, J. L. (1969). "The Diffusion of Innovations Among the American States," *American Political Science Review, 63.*

Walton, Richard, John Dutton, and Thomas Cafferty (1969). "Organizational Context and Interdepartmental Conflict," *Administrative Science Quarterly, 14* : 522-544.

Warwick, Donald P., and Herbert C. Kelman (1973). "Ethical Issues in Social Intervention," in G. Zaltman, Ed., *Processes and Phenomena of Social Change*. New York : Wiley Interscience.

Watson, Goodwin (1973). "Resistance to Change," in G. Zaltman, Ed., *Processes and Phenomena of Social Change*. New York : Wiley Interscience.

Watson, Goodwin (1971). "Resistance to Change," *American Behavioral Scientist, 14*: 745-766.

Weber, Max (1947). *The Theory of Social and Economic Organization*. Translated by A. M. Henderson and T. Parsons. New York : The Free Press.

Weick, Karl (1969). *The Social Psychology of Organizing*. Reading, Mass. : Addison-Wesley. (カール・E. ワイク／遠田雄志訳『組織化の社会心理学』文眞堂, 1997年)

Whyte, William F. (1969). *Organizational Behavior : Theory and Application*. Homewood, Ill. : Irwin-Dorsey.

Wilson, James Q. (1966). "Innovation in Organization : Notes Toward a Theory," in James D. Thompson (ed.), *Approaches to Organizational Design*. Pittsburgh : University of Pittsburgh Press, pp.193-218.

Yancy, William L. (1970). "Intervention as a Strategy of Social Inquiry : An Exploratory Study with Unemployed Man," in L. A. Zurcher and C. M. Bonjean, Eds., *Planned Social Interventions*. New York : Chandler Publishing Co.

Yeracaris, C. A. (1961). "Social Factors Associated with the Acceptance of Medical Innovations : A Pilot Study," *Journal of Health and Social Behavior, 3*:193-198.

Young, Cliff (1972). "Marketing Interfaces in Organization." Unpublished doctoral dissertation, Northwestern University.

Yuchtman, Ephraim, and Stanley Seashore (1967). "A System Resource Approach to Organizational Effectiveness," *American Sociological Review, 32*, No. 6 : 891-903.

Zaltman, Gerald, and Robert Duncan (forthcoming). *Strategies for Planned Changes*. New York : Wiley.

Zaltman, Gerald, and George Brooker (1971). *A New Look at the Adoption Process*, working paper Northwestern University.

Zaltman, Gerald, Philip Kotler, and Ira Kaufman, *Creating Social Change*. New York: Holt, Rinehart, and Winston.

Zaltman, Gerald, and Ronald Stiff (1973). "Theories of Diffusion," in S. Ward and T. Robertson, Eds., *Theoretical Perspectives in Consumer Behavior.* Englewood Cliffs, N.J. : Prentice-Hall.

Zaltman, Gerald, and Barbard Köhler (1972). "The Dissemination of Task and Socio-emotional Information in an International Community of Scientists," *Journal of the American Society for Information Science, 34*, No. 4 (July-August) : 225-236.

Zaltman, Gerald, and Bernard Dubois (1971). "Problems and Conceptual Innovations." Paper presented at the Second Annual Meeting of the Association for Consumer Research (September 1-3).

訳者あとがき

　本書は, Gerald Zaltman, Robert Duncan, Jonny Holbek, *INNOVATION AND ORGANIZATIONS*, John Wiley & Sons, 1973. の全訳である。この1973年に出版された古典的名著とされる原著が, なぜ今頃, この期に翻訳され, 出版されることになったのかということについては, 偶然ともいえるきっかけといくつかの理由がある。

　そのきっかけとは, 筆者が2度目の在外研究でアメリカ合衆国のシアトル市にあるUniversity of Washington, Michael G. Foster School of Businessに在任していた期間に, 研究論文を執筆するために文献サーベイをしたり, Doctoral Courseの大学院生の研究発表会も含め, いくつかの研究会やミニ学会のようなものに出席していた時のことである。その際に本原著が使用・引用されているのを, 筆者が幾度か目にし, 「自分自身も, すべてではないけれど, 斜め読みをしたり, あるいは必要箇所だけ撮んで引用したしたことがあるが, この訳書をみたことがないな」と思ったことがあった。

　つまり, なぜこのような世界でも有名で, 非常に多くの研究者や学生にかなり多くの頻度で引用され, 参照されている書籍の日本語訳が今までになかったかということである。これについては, 先達に訊いてみなければわからないことも多くあろうが, 筆者が実際の翻訳の作業に取り掛かって感じたところによると, 次のようなことが考えられる。先ず始めに, 「はしがき」にもあるように, 本原著が, ノースウエスタン大学とアメリカ病院協会（the American Hospital Association）の病院調査・教育財団（the Hospital Research and Educational Trust）のジョイント・プログラムによる研究を基に執筆されたことによるものであることである。本原著のケース・スタディーには, 医学に関係する事例や医学・医薬品に関係する用語や製品ブランド, さらには臨床心理学の

用語などが多数用いられているのである。これらは翻訳するにあたって、訳者たちを本当に悩ませた。医学の専門家でもなく、そのようなケース研究にも携わったことのない訳者たちにとって聞いたこと、見たことがない用語が使われているだけでなく、ほとんど理解できないケース・スタディーもあった。それだけでなく、それら専門用語の中には複数の辞書を当たってみても、訳語を充てられない語句が使用されていたりしているのである。

そして、訳書が存在しなかったもう1つの理由として考えられるのが、本原著が1973年に出版されているということからも判るように、著者の3名ともがかなり若い時の著作であるということである。そのため、筆者も若い時分にはそのような嫌いはかなりあったが、文章が熟れていなかったり、練られていなかったりしていること、あるいはまたそのことが原因で、必要以上に長くなってしまっている文章が少なからずあることが挙げられる。これらも、翻訳作業をかなり難航させる原因の1つであった。

読者の方々もご承知の通り、Gerald Zaltman博士は、現在Harvard Business SchoolのJoseph C. Wilson Professor of Business Administration, Emeritusすなわち、経営学大学院の名誉教授であり、その著書およびその功績は、E. J. McCarthy, P. KotlerやT. Levitt, G. S. Dayなどと並んで、マーケティング研究を志したものであれば知らない者はいないと言われるほどのマーケティング界の巨星である。

Zaltman博士は、University of ChicagoでMBAを取得後、John Hopkins Universityで社会学の博士号を取得し、1968年から本原著を執筆した直後の1975年までの9年間にNorthwestern Universityで教鞭を執り、その後1991年までをUniversity of Pittsburghで過ごした。そして1991年からHarvard Business Schoolで顧客行動（customer behavior）とマーケティング戦略（marketing strategy）の研究を中心に活躍している。彼の著書や論文で翻訳された文献は数多くあるが、特に近年では『心脳マーケティング―顧客の無意識を解き明かす』（ダイヤモンド社、2005年）や『ハーバードで教えるマーケティング戦略―市場情報の有効活用』（生産性出版、1992年）は有名である。

彼の最近の関心は主に，ニューロ・マーケティングと呼ばれる，脳科学の立場から消費者の脳の反応を測定し，消費者心理および行動の仕組みを解明しようとする考え方を基礎にして，顧客の心理がメタファー（隠喩・暗喩）を介してどのように行動に現れるかといったことを解明しようとすること（彼はこの彼独自の手法をZMET researchと名づけている）に向いているようである。

他方，共著者のRobert Duncan博士は，組織行動（organizational behavior）研究の分野でYale Universityにおいて博士号を取得し，その後，本原著を共同で執筆・出版することになるZaltman氏の同僚となるNorthwestern Universityで1970年から2001年まで教鞭を執り，組織行動学科の学科長として，また大学の「チーム志向的学習環境（the school's team-oriented environment）創り」にも活躍した。この間彼は，本原著以外にZaltman氏との共著で有名なGerald Zaltman & Robert Duncan, *Strategies for Planned Change*, John Wiley & Sons Inc., 1977. やその他にも数々の私たち後進の知識の糧となる著作物や研究論文を世に送り出している。

残念ながら，Jonny Holbek氏に関しては，その後の足跡ないしは関係記述を見つけることはできなかったが，1975年に*Economic effectiveness of small manufacturing firms in the furniture industry in Norway*., Northwestern University Press. そして1984年には*Foretaksstrategi*（ビジネス戦略）というタイトルの書籍を刊行していることまでは突き止めることができた。

このように本書は，マーケティングおよび組織行動研究，あるいはビジネス戦略研究の分野における注目すべき研究者がまさに新進気鋭の時期に執筆した貴重な文献であり，イノベーションの採用と普及，そしてそれに関わる影響変数と状況変化を分析・記述した研究書としてはRogers, E. M., *Diffusion of Innovations*, New York: Free Press, 1962.と並び称され，世界中の数多くの研究者が引用もしくは参考にしている名著である。本書がRogersの研究と異なる点は，Rogersの研究対象が単一メンバー採用者単位あるいは社会の個人を中心にしているのに対し，組織および複数採用メンバーもしくは単位内に発生するイノベーションとその採用プロセスに焦点を当てていることである。

そしてまた，本書は1970年代にはほとんど取り扱われていなかった，イノベーションを促進し，それに内在する構造とプロセスによって組織の特徴を強調し，イノベーション採用プロセスが発生する環境と，イノベーションの採用と普及に対して，それを伝播させる環境の諸種類を明らかにすることを試みている。これは，Robertson, T. S, Gatignon, H. が1986年にかの有名な"Competitive Effect on Technology Diffusion"という論文を*Journal of Marketing*に寄稿するが，それ以前に「供給サイドの環境要因」および「イノベーションの種類を類型化し，組織の文脈でイノベーションの採用・普及」を取り扱った文献としては，筆者の知る限り，本原著が最初である。

そのようなことから，本書を翻訳するに当たり私たち訳者は，意訳をできる限り避け，可能な限り原文に近い形で訳出することを試みた。無論，そもそも単語も文法も異なるある言語を他の言語に完全に訳すことは不可能であるため，意訳せずに解りやすい日本語にすることは困難と言わざるを得ない。ましてや，日本語自体も人によって表現が異なったり，言い回しが異なると，評価もそれぞれである。ある人にとって読みやすい日本語は，他の人にはそうでないかもしれない。したがって，私たちは次のような点に留意してこの翻訳作業を進めるようにした。

1）定訳がない，あるいは意味内容を捉えにくかったり，他の訳語が与えられる可能性もある語句・表現方法については，その語句あるいは表現の後になるべく原語を（　）表記するようにした。
2）キーワードと思われる語句で，文脈上，単一の訳語では対応できないときは複数の訳語を用いることを許容した（performanceやchangeなど。とりわけ，changeは，取り扱いが難しく，文脈によって「変化」「変容」「変更」「変革」という4通りの訳語が充てられていることをお許しいただきたい）。
3）医学や臨床心理学などの一般的に理解しにくい特別な専門用語あるいは概念については，さまざまな文献を用いて可能な限り調べ上げ，訳者注という形で解説を付した。

最後になってしまったが，本書を出版するにあたっては，創成社社長の塚田尚寛氏ならびに編集者である廣田喜昭氏に特段のご尽力をいただいた。ここに厚く御礼を申し上げたい。

2012 年 5 月

訳者代表

首 藤 禎 史

索　引

[あ]

アイデア創出段階 …………………116
アウトプット（産出：outputs）
　……………………107, 119, 133
安定性へのニーズ ……………86, 161
意思決定 ……………………………5
　──下位段階 ……………………68
以前の状態（Status Quo Ante）……43
一般性 ………………………………39
イノベーション意思決定 …………80
イノベーション（根本的な）状況 ……25
イノベーションに関する理論 ………155
イノベーションに対する開放度
　（openess to the innovation）…66
イノベーションの潜在力
　（potential for innovation）………66
イノベーションの属性 …………32, 159
イノベーションの不協和
　（Festinger）……………………67
イノベーション・プロセス ……………61
　──の個人志向のモデル …………63
　──の諸段階 ……………………61
　──の組織志向のモデル …………64
イノベーション類型 …………………79
インセンティブ ……………………17
インプットの評価 …………………75
受身的な抵抗 ………………………91

追い込まれた（ディストレス；distress）
　イノベーション ……………………32
オープン・システム …………………126

[か]

解　決 ………………………………100
下位セットの創出 …………………56
階　層 ………………………………90
　──化（stratification）
　………………………………88, 175
外的に生み出されたフィードバック
　………………………………75, 77
介入理論 ……………………………71
外部環境 ……………………………113
開放性 ……………………132, 145
科学技術的イノベーション …………32
科学的地位（Scientific Status）
　………………………………39, 160
可逆性（取り消し可能性；
　reversibility）……………………43
確実性（certainty）………………57
革新的な意思決定の種類 ……………79
革新的な意思決定の不確実な状況 …57
革新的な行動 ………………………90
革新度（innovativeness）…………11
価値本位の（value-centered）
　イノベーション ……………………31
可分性（divisibility）…………43, 50

感知された必要性（felt need）………88
官僚主義的行動 …………………122
官僚制組織の制限 ………………121
官僚制組織の特徴 ………………120
機械的構造 ………………………128
起源の点（Point of Origin）…41, 160
技術的システム …………………76
技術的能力に基づいた
　　従業員の昇進と選抜 ………121
技術的不確実性
　　（technical uncertainty）………57
技術的変化
　　（Technological change）……59
機能的なフィードバック ………74
機能的（functional）融和性 ………38
逆機能的変化 ……………………28
吸収（internalization）……………9
協和拒絶者 ………………………67
協和採用者 ………………………67
局面の順序 ………………………69
拒絶 ………………………………99
計画型イノベーション …………32
計画されたイノベーション ……18
継続コスト（continuing cost）……33
継続－持続的実行下位段階 ……69, 93
継続的イノベーション …………10
継続的で持続的な
　　（continued/sustained）実行 ……79
継続的な修正の許容 ……………160
継続的な変更に対する感受性
　　（Susceptibility to Successive
　　Modification）………………46
結果 …………………………56, 57, 74

ゲートキーパー
　　（門番；Gatekeeper）…………46
　　権威の階層性 ………………120
現実化（realization）………………69
公式化（Formalization）
　　………………136, 157, 161, 174
公式行動 ……………………66, 67
構造的 ……………………………31
── （管理上の）イノベーション …32
公対私 ……………………………160
公的性私的性（Publicness and
　　Privateness）…………………45
効率性（Efficiency）………36, 160, 176
個人間関係（Interpersonal
　　Relationships）………………45
個人の抵抗プロセス ……………94
コスト（費用；Cost）……………33
コード化した理論体系の障壁 …86
コミットメント
　　（関与；Commitment）………44
コミュニケーション差異
　　（communication differential）…86
コミュニケーションのチャネル ……68
根本性（radicalness）………20, 25, 28

[さ]

再定義（redefinition）……………169
最低基準 …………………………56
再方向づけ（reorientation）………49
財務コスト(Initial financial cost)…33
財務的コスト ……………………160
採用 ………………………………99
── 者のインセンティブ ………17
── 者の特性 …………………38

——の単位の近く ……………15	初期コスト（initial cost）………33
産出物（output）………………60	初期実行段階 ……………………69
試行 ………………………69, 98	初期の実行 ………………………79
実行（execution）………………69	処理能力 …………………………82
——段階 ………………………68	序列（sequencing）の割合 ……79
実力者連合（dominant coalition）…80	新奇性 ……………………………57
始動－実行段階 …………………160	慎重なイノベーション …………62
始動段階 …………………………64	人的イノベーション ……………16
視認度（visibility）	人的な脅威 ………………………87
もしくは突出した点 …………40	浸透性（普及力；pervasiveness）
Schein (1970) の適応的対処サイクル	…………………………38, 49
(adaptive-coping cycle)………72	シンボリックな採用 ……………14
社会関係 …………………………86	信頼 ………………………………145
社会システム ……………………126	——性 …………………………39
——の一般的な特徴 …………107	スループット（処理：through-put）
社会的関係（social relationship）……50	…………………………………107
社会的コスト ……………………160	成果 ………………………………74
社会的変化 ………………………3	——ギャップ ……………58, 164
社会変容 …………………………16	——達成 ………………………58
——の諸類型のパラダイム ……7	政策的イノベーション
習慣 ………………………………96	(policy innovation)……………17
終端 ………………………………160	生産（Production）………………175
——性（Terminality）…………42	政治的なプロセス ………………80
集団的意思決定 …………………82	正当化段階 ………………………98
集団的権威 ………………………6	製品の評価 ………………………75
集団的なイノベーション意思決定 ……80	選好の順序づけ …………………56
柔軟性－安定性のジレンマ ……127	選択的な接触の変化 ……………7
重要性（magnitude）……………20	前段階の状態 ……………………160
——の理論 ……………………20	相互作用の不足 …………………98
重要な属性 ………………………40	早成度（precocity）………………11
手段的イノベーション …………23	組織 ………………………………107
循環（circularity）………………72	——環境 ………………………110
状況の（situation）根本性 ……25	——研究の一般モデル ………22
象徴的（symbolic）融和性 ……38	組織構造 …………………………120

―――― イノベーション ・・・・・・・・・・・・・・・16
組織的イノベーション
　　（organizational innovation）・・・12
組織的コンフリクト解決グリッド
　　・・・・・・・・・・・・・・・・・・・・・・・・・・・・・・・・・・150
組織のコンティンジェンシー理論
　　（Contingency Theories of
　　Organization）・・・・・・・・・・・・・・・・・128
組織のサイバネティックな
　　（制御工学的な）コンセプト・・・・・・126
組織の中心的な側面 ・・・・・・・・・・・・・・・171
組織の独裁的コンセプト ・・・・・・・・・・・122
組織変化 ・・・・・・・・・・・・・・・・・・・・・・・・・・・・6

[た]

第一位問題（primacy）・・・・・・・・・・・・・・・96
体系的結合の緊密さ
　　（systemic coherence）・・・・・・・・・・・88
対峙するということ（confrontation）
　　・・・・・・・・・・・・・・・・・・・・・・・・・・・・・・・・・148
代替案 ・・・・・・・・・・・・・・・・・・・・・・・・・5, 111
　　―――― の結果 ・・・・・・・・・・・・・・・・・・56
態度 ・・・・・・・・・・・・・・・・・・・・・・・・・・・・・・・・97
　　―――― 形成 ・・・・・・・・・・・・・・・・・・・・66
　　―――― 次元 ・・・・・・・・・・・・・・・・・・・・66
単位間で比較 ・・・・・・・・・・・・・・・・・・・・・・・70
探索（Search）・・・・・・・・・・・・・・・4, 6, 169
地位の違い ・・・・・・・・・・・・・・・・・・・・・・・・・90
チェンジ・エージェント―
　　介入主義者 ・・・・・・・・・・・・・・・・・・・・・70
チェンジ・エージェントとなる
　　介入主義者 ・・・・・・・・・・・・・・・・・・・・・69
知覚された相対的優位性（Perceived
　　Relative Advantage）・・・・・・40, 160

知覚された必要 ・・・・・・・・・・・・・・・・・・・・・・6
チーム構築活動 ・・・・・・・・・・・・・・・136, 157
中央集権化（Centralization）
　　・・・・・・・・・・・・・・・・・141, 158, 161, 174
超安定性（ultrastability）・・・・・・・・・・・126
直接的な接触の変化 ・・・・・・・・・・・・・・・・・7
抵抗 ・・・・・・・・・・・・・・・・・・・・・・・・・・・85, 161
出入り口のイノベーション
　　（Gateway Innovations）・・・・・・・・・47
出入り口の能力
　　（Gateway Capacity）・・・・・・・・46, 49
デモンストレーション
　　（実証または実演；
　　demonstration）・・・・・・・・・・・・・・・・・40
伝達可能性（Communicability）・・・・・・37
動機 ・・・・・・・・・・・・・・・・・・・・・・・・・・・・・・・・96
　　―――― づけられた内在的な変化 ・・・・・・7
投資対収益
　　（Return to Investment）・・・・・・・・36
投資に対する収益 ・・・・・・・・・・・・・・・・・160
動態的に継続的なイノベーション ・・・・・10
独裁的コンセプト
　　（Monocratic Concept）・・・・・・・・・122

[な]

内在的な変化 ・・・・・・・・・・・・・・・・・・・・・・・・7
内的一貫性 ・・・・・・・・・・・・・・・・・・・・・・・・・40
内的に発生したフィードバック ・・・・・・・75
内部環境 ・・・・・・・・・・・・・・・・・・・・・・・・・・113
日常化 ・・・・・・・・・・・・・・・・・・・・・・・・・・・・176

[は]

発明（invention）・・・・・・・・・・・・・・・・・・・・7
ハロー効果 ・・・・・・・・・・・・・・・・・・・・・・・・・94

範囲（scope） ………………25, 49
反復的なプロセス ……………………73
非計画型イノベーション ……………20
非継続的なイノベーション ……………11
必要性と十分性
　（Necessity and Sufficiency）……47
評価 ……………………………99, 176
フィードバック ……………………72
──・プロセスの例 ……………76
不確実性（uncertainty） ……………57
──の重要性 ………………………57
普及 ……………………………………15
──者のインセンティブ ……………17
不協和拒絶者 ……………………………67
不協和採用者 ……………………………67
複雑さ ………………………………177
複雑性（Complexity）
　……………39, 156, 161, 172, 174
物理的な分離
　（physical separation）……………90
プロセスの評価 ……………………75
分業（division of labor） ……………88
文脈の評価 ……………………………75
変革（化） ……………………………155
偏狭なプライド（local pride） ………87
本源的イノベーション ………………23

[ま]

間口のイノベーション ………………160
間口の収容力 …………………………160
マーケティングの不確実性 ……………58
明示的な解決の計画 ……………………78
目標の形成
　（a formation of goals） ………169
問題知覚（issue perception） ………169
問題提起 ………………………………78
問題的（issue）の知覚…………………74

[や]

役割葛藤（role conflict） ……………137
有機的構造 ……………………128, 167
有効性 ……………………………39, 108
融和性（Compatibility） ………38, 160
余剰（slack）イノベーション ………19

[ら]

リオリエンテーション ………………28
リスクと不確実性
　（Risk and Uncertainty） ………37
リスクの引き受け ……………………145
領域の問題 ……………………………115
ルーティーン-イノベーション ………25
ルールと手順のシステム ……………120

《訳者紹介》

首藤禎史（しゅとう・ただし）＜商学博士（明治大学）＞
　　担当：はしがき，第1章，第2章，第3章，第4章，訳者あとがき
　1984年　明治大学商学部商学科卒業，卒業と同時に化粧品メーカーに勤務
　1990年　明治大学大学院商学研究科博士前期課程修了
　1994年　明治大学大学院商学研究科博士後期課程単位取得退学
　1994年　大東文化大学経済学部専任講師
　1998年　アメリカ合衆国University of Washington, School of Business
　　　　　客員研究員
　1999年　大東文化大学経済学部助教授
　2005年　大東文化大学経営学部教授，現在に至る
　2007年　アメリカ合衆国University of Washington, Michael G. Foster
　　　　　School of Business 客員教授

主要著書

　『戦略市場計画』（共訳）同友館，『現代経営診断事典』（分担執筆）同友館，『商品戦略と診断』（共著）同友館，『市場駆動型の戦略』（共訳）同友館，『世界の起業家50人』（共著）学文社，『経営学検定試験公式テキスト6　マーケティング』（共著）中央経済社，『マーケティング実務』（共著）産業能率大学出版部，『スポーツ・マーケティングの基礎―第2版』（共訳）白桃書房，『ビジネス・キャリア検定試験標準テキスト　マーケティング3級』（共著）社会保険研究所，『ビジネス・キャリア検定試験標準テキスト　マーケティング2級』（共著）社会保険研究所，『批判的マーケティング論』（単著）大東文化大学研究叢書28，『流通論』（共著）同文舘出版，『経営学が身につく100問』（共著）創成社

伊藤友章（いとう・ともあき）
　　担当：第2章，第4章
　1990年　明治大学法学部法律学科卒業
　1993年　明治大学大学院商学研究科博士前期課程修了
　1996年　明治大学大学院商学研究科博士後期課程単位取得退学
　1996年　北海学園大学経済学部専任講師
　1999年　北海学園大学経済学部助教授
　2007年　北海学園大学経営学部教授，現在に至る

　主要著書
　　『マーケティング・リテラシー』（共著）税務経理協会，『経営学検定試験公式テキスト6　マーケティング』（共著）中央経済社，『スポーツ・マーケティングの基礎―第2版』（共訳）白桃書房，『市場志向の経営』（共著）千倉書房

平安山英成（へんざん・ひでなり）
　　担当：第3章
　2002年　明治大学商学部商学科卒業
　2004年　明治大学大学院商学研究科博士前期課程修了
　2011年　明治大学大学院商学研究科博士後期課程単位取得退学
　2011年　亜細亜大学短期大学部専任講師，現在に至る

　主要著書
　　『サービス・ドミナント・ロジック―マーケティング研究への新たな視座』（共著）同文舘出版

(検印省略)

2012年5月25日　初版発行
2014年4月20日　二刷発行

略称－イノベーション

イノベーションと組織

著　者　　ジェラルド・ザルトマン
　　　　　ロバート・ダンカン
　　　　　ジョニー・ホルベック
訳　者　　首藤禎史・伊藤友章・平安山英成
発行者　　塚　田　尚　寛

発行所　　東京都文京区　　　　株式会社　創　成　社
　　　　　春日2－13－1

電　話　03（3868）3867　　　FAX 03（5802）6802
出版部　03（3868）3857　　　FAX 03（5802）6801
http://www.books-sosei.com　振　替　00150-9-191261

定価はカバーに表示してあります。

©2012 Tadashi Shuto　　　組版：サンライズ　　印刷：S・Dプリント
ISBN978-4-7944-2387-0 C3034　製本：カナメブックス
Printed in Japan　　　　　　　落丁・乱丁本はお取り替えいたします。

―――― 経営・マーケティング ――――

イノベーションと組織	首藤 禎史／伊藤 友章／平安山 英成	訳	2,400円
経営学が身につく100問	天笠 美知夫	編	1,000円
情報の特性と利用 ― 図書館情報資源概論 ―	山本 順一	編著	2,300円
eビジネスの教科書	幡鎌 博	著	2,200円
発明のコモンズ ―サービスイノベーションとオープンイノベーションを促進するための知的財産制度―	幡鎌 博	著	800円
グローバル化が進む中国の流通・マーケティング	謝 憲文	著	2,800円
現代マーケティング論	松江 宏	編著	2,900円
現代消費者行動論	松江 宏	編著	2,200円
経営組織論 ― 理論と実際 ―	石塚 浩	著	2,000円
CSRとコーポレート・ガバナンスがわかる事典	佐久間 信夫／水尾 順一／水谷内 徹也	編著	2,200円
経営戦略論	佐久間 信夫／芦澤 成光	編著	2,400円
日本の携帯電話端末と国際市場 ― デジタル時代のマーケティング戦略 ―	大﨑 孝徳	著	2,700円
ITマーケティング戦略 ― 消費者との関係性構築を目指して ―	大﨑 孝徳	著	2,000円
近代経営の基礎 ― 企業経済学序説 ―	三浦 隆之	著	4,200円
経営グローバル化の課題と展望 ― 何が問題で，どう拓くか ―	井沢 良智／八杉 哲	編著	2,700円
すらすら読めて奥までわかる　コーポレート・ファイナンス	内田 交謹	著	2,600円
経営財務論	小山 明宏	著	3,000円
昇進の研究	山本 寛	著	3,200円
商店街の経営革新	酒巻 貞夫	著	4,078円
広告の理論と戦略	清水 公一	著	3,800円

（本体価格）

―――― 創成社 ――――